慕顏歌 著

上天自有安排，你只負責精采…

序言——

辜負了誰，都不能辜負自己的未來

生活的所有眼淚和辛酸，都是成長的陣痛。

二十歲、二十五歲、三十歲、三十五歲……一年年下來，歲月像個薄情的蕩子，在我們青春年少時，許我們以花樣的容貌，強壯的身體，富有的承諾，情深的戀愛，時光的無涯。但，一年年下來，我們流過失望的淚水，嘗過生活的辛酸，這才發現，不知什麼時候，歲月逃得無影無蹤，只留給我們安靜的絕望。大多數人在安靜的絕望中生活，在二十歲不英俊，三十歲不強壯，四十歲不富有，原來，世界總在以痛吻我。

為什麼會這樣？難道我們不是總在努力，總在奮鬥，甚至總在看勵志書嗎？

是啊，所有勵志書都告訴我們：只要你肯努力，就一定會成功。這個道理，也許你在小學就知道了。你懂能量守恆定律，知道想得到要先付出，要努力才能成功；你懂反作用力，時不時也能說出「你怎樣，世界就這樣」的話。不過，你還是活得很迷茫。

其實，這只能說明，要麼你看得不夠，要麼你根本沒有看懂，你不知道究竟該怎樣勵志，你知道的只是別人的成功過程。即使把大道理全背下來，也沒辦法複製別人的成功，但若懂得了努力的意義，總能活出與眾不同的人生。

本書從內到外刷新你的三觀，幫你重新認識生活的真諦，重建未來的信心。若有一星兩點枯燥之處，敬請諒解，因為，人生其實不是簡單幾句就能說清的，有必要借助一點專業名詞。

世界以痛吻我，要我報之以歌，很多人痛而不言，固執地認為薄情的歲月辜負了自己，直到進入墳墓時，他們的歌也沒有唱出來。

其實，歲月薄情，只是為了讓我們最終懂得慈悲；世事無常，都是為了體現我們爆表的戰鬥力。歲月何曾辜負過我們？倒是我們放棄了殷切的期待，甚至，放棄了自己。

如果你已經放棄自己，請就此打住，不要繼續看下去了；如果你希望自己的未來不那麼平凡，那這本書，還是有一點用的。不想辜負自己的未來，就得看點與眾不同的書，做點與眾不同的事。努力還是要的，萬一真的成功了呢？

歲月的薄倖，唯深情可敵。我們領教了世界是何等兇頑，同時又得知世界也可以變得溫存和美好。世界以痛吻我，我要報之以歌。願我們以溫暖來擁抱世界，用深情的態度面對薄情歲月。在薄情歲月裡深情地活著，活過每一個季節，呼吸空氣，咀嚼糧食，感受生命中的美好，感謝歲月或痛或傷的恩賜。

書中那些帶著溫度的文字，送給嘗過艱辛苦痛，卻依然不失愛的勇氣的你。願，這些帶著溫度的文字，能夠成為最懂你的朋友，能夠讓你找回那個失落已久的自己。亦願，我們都能夠好好地生活，且行且珍惜！

目錄

這個世界沒那麼好也沒那麼壞

永遠不要找別人要安全感

去愛吧！就像不曾受過傷一樣

辜負了誰，都不能辜負自己的未來

別那麼悲憤，這個世界不欠你的

沒有走不通的路，只有想不通的人

煩惱是自找的，快樂也是自找的

用完美的眼光，去欣賞不完美的人

既然成不了神，就做一個很棒的普通人

人生是一段艱難的路，路的終點總有幸福

這個世界
沒那麼好也沒那麼壞

不是世界太殘忍，而是當初太天真。
不是歲月太薄情，而是我們忘記了活下去的初心。
被世界冷過，才知道溫暖的滋味，
有希望在的地方，痛苦也將變成歡樂。

歲月不會辜負敢承擔的人

最近，我把小窩搬到了公司附近。新租的房子髒到了令人髮指的程度，可以說還不如我媽媽的豬圈乾淨，於是，我開始了各種整理。經過好一番折騰，也只不過勉強把十年「謀殺案發現場」弄成了一個普通「民事現場」。如今的廚衛，算勉強看得過眼了，但還是缺一些滿足生活的基本設施，於是我想添些掛架。

我原以為這事很簡單，只要找一個榔頭和一些釘子敲敲打打就可以了事，不料這水泥磚牆並不是我用榔頭可以搞定的，便撥了個牆上小廣告的電話，一打可沒把我氣壞了，釘一個架子對方要兩百塊。我知道，買個電鑽也才兩百多塊，這釘幾個架子就得花一千多？我雖然是生活白癡，可也沒有白癡到這個地步！

陡然生出滿肚子的委屈和心酸。我對物質要求不高，要的只是一份安穩簡單的日子，但因為初入社會，只能拿著微薄的薪水，輾轉於這個城市的各個角落。

眼下必須解決問題，不是傷春悲秋的時候，我決定借個電鑽自己做。

在QQ群裡不經意一說，想不到，真有位王先生願意把電鑽借給我，還願意幫我請工人。上帝！他真是太好了。雖然我追求獨立，內心也有漢子的一面，但落實到具體的事情上，我其實挺怕電鑽那玩意兒的。

那天，王先生帶著他的工人忙了半個多小時，終於搞定了我要釘的那些置物架。就這樣，我與王先生成了朋友。

王先生在北京某機關工作。雖然不是什麼大富人家，但是殷實生活的各種標準配備，絕對是不缺的。在某種程度上，他的生活過得比這世上許多高智商、高學歷的人，要好得多。

要知道，他只是一個身高勉強沒拉低平均標準的小學畢業生，沒有父輩關係可以依靠，沒有八面玲瓏的手段與人周旋，口才也不好，一句話不反覆說幾十遍，就像沒說似的，還帶著濃重的家鄉口音，聽起來嗚哩哇啦的。但就這樣一個人，憑一己之力養著五個孩子（自己有兩個孩子，哥哥有兩個孩子，侄子的一個孩子他也養著）和三個老人（父母與爺爺）。他不僅為一家人在老家建了三棟樓，還在北京弄了三套房子……即使整個家族的責任都由自己背負，他也沒有任何怨言。

當我問他怎麼能承擔這麼多的時候，這個木訥的男人道：「除了使勁兒幹活，還能怎麼辦？」他連句人生哲理也說不出來，只曉得，命運叫他擔著，他就得擔著，然後為之努力。

他活在一個相當需要搞好人際關係的圈子裡，這樣一個形象不出眾，口才不太好，又沒什麼關係和心計的人，怎麼在這樣的圈子裡生存下去的？我不免有些好奇。

他則說：「有的人可能會說，有的人可能會算計，但人都不是傻子，一直對人好，總會有人記得。關鍵的人，有那麼一兩個就夠了，是不是？這一輩子，總能遇上一兩個有良心的人。但是，這一兩個人可能需要你對一百個人好，才有可能遇得上。」

這樣一個人，不過是路上的甲乙丙丁，也許，只有他坐在自己的寶馬７４０裡時，別人才會多看兩眼。歲月沒有辜負這個看上去並不出眾的男子，只是因為他敢於承擔，敢對人好而已。

回想起來，我見過一些人，有著傲人的聰明才智，卻不肯承擔當下的責任，於是一生碌碌無為，一世消沉；也見到所謂的「男神」，有著優渥的家境和個人條件，卻拒絕任何學習，拒絕任何不能展示自己「運籌帷幄」的工作，就好像世界欠了他一個國度一樣。

不要把擁有的一切當成理所當然，不要說這個世界待我們太薄，不要因為自己付出一點點，就向生活索要過多的東西。天降大任之前的苦其心志，不過是告訴我們，想要擁有，就得先有能力擁有；想要得到，就得先去承擔。生活就是一副擔子，想得到更多，你就需要擔得起更多。

再長的路，一步一步也能走完

理想和現實總是有差距的，幸好還有差距，不然，誰還稀罕理想？人們常常大談理想中的狀態，而痛恨現實中的工作。但很多時候，不是行業不適合我們，而是我們必須掌握那些看上去很無趣的知識後，才有能力去做自己最喜歡的事情。通往理想的路總要在現實中行走，誰也不能一步登天。

一個自嘲為小癟三的人，他的理想是做一名工程師。但是工程師有很多種，像設計工程師、應用工程師、測試工程師、分析工程師……按照他的專業方向，最適合他的職位是技術工程師。可惜的是，他被分配到了應用工程師的崗位上，每天跑上跑下，保存樣品、做實驗，做完實驗後，還要拆卸檢驗。

這與他最初設想的工程師生涯是多麼不符啊，簡直成了打雜工！他每天都很沮喪，每天都無數次地問，自己怎樣才能擺脫目前這種環境？一天，他無意中聽到主管和大家聊：「你們有這麼好的語言環境，要好好和辦公室的老外交流啊！」一語提醒夢中人，他決定以提升語言能力做為工作的突破口。

為了對抗怕開口的自卑心理，他每天問自己：「怕什麼？你只是個小癟三而已，別以為別人會在意你，說錯了，大不了被笑話，又不會死！」

如果不去嘗試，永遠不知道結局是什麼，但是努力過，總會有收穫，即使失敗，也可以知道下一次如何避免重蹈覆轍。

他行動了起來，先看中文版的工作內容，再看英文版的工作內容。把內容搞懂後，拿著英文版去找老外請教，請教只是一個藉口罷了，學習英語是重點，所以，他給自己規定：每天上午問一次，下午問一次，每次兩個問題。

他的心態真是好極了，就算說不熟悉的東西，他也不怕。講不明白的時候，可以做手勢，實在不行，還可以寫。不去考慮主管或者其他同事對他學習熱情的小小嘲諷，他有活就幹，沒活就找外國專家聊天，下班回家就自學，看《走遍美國》，看原版英文電影，寫英文日記，每天堅持學習四小時。從開始不敢開口，到每次提問只問不說，再到後來可以簡單回應。他的口語能力逐漸提升。

不久，職位變動，他成了一名測試工程師，後來，他又做了分析工程，最後，在跳槽到另一家公司做品管工程師時，由於他的英文口語好，得到了出國的機會。

他成了少有的幾個能到國外培訓的人中的一個，回國後，他終於如願以償地成了一個技術工程師。原來，那些年打過的雜，受過的苦，都是為了給他成為一名技術工程師打基礎。原來，幸運就是努力學習，努力提升自己的能力，讓機會出現的時候，自己可以抓得住。

不了解一個行業之前，請不要輕易說喜不喜歡。雖然人們常說，在你一定會後悔的地方，不要浪費你的生命。但是，如果你還是適合這個行業的，那就請腳踏實地地幹下去，努力提升專業的技能，就是為未來創造機會。今日的努力，是為了將來老去時，不會後悔不已，再長的路，一步一步也能走完，總有一天，你會得到自己想要的。

對那些薪水不高，也不知道做什麼好的人來說，一定要做讓自己心生敬意或有自豪感的工作，這樣，才有可能堅持下去，就算一路泥濘，腥風血雨。堅持做自己喜歡的，不一定會很快成功；但堅持做自己不喜歡的，就一定不會成功。奮鬥的路上，不免會有困難、挫折和打擊，但既然選擇了，就要走下去。

許自己一個不平凡的未來

一抹靈識來到自助投胎機前，進入了自助投胎程序。

第一個程序是「性別選擇」，選擇「男性」可以免費投胎，選擇「女性」要花五十投胎幣，這抹靈識身無分文，所以沒得選擇，只好投男胎。

第二個程序是「生存難度選擇」，難度為「簡易」級的，要花十萬投胎幣，「中等」級別的需要五千投胎幣，「困難」級別的需要兩百投胎幣，「深淵」級別的才免費。

第三個程序是「出身選擇」，「高富帥」要九十萬投胎幣，「富、官、軍」二代需要五十萬，「我爸是李剛套餐」十萬，當「窮人」則是免費的。隨後又有「技能選擇」，越賺錢的技能，需要的投胎幣越多，什麼技能都沒有的則不需要錢。

接下來，由於購買不起「美男」套餐，這抹靈識在選擇長相時，只能點了免費的「隨機」，結果得了個「怪異」級別的長相。靈識很生氣，「問候」了系統的先人，系統一生氣還給了他一個「疤痕」套餐，於是，一個窮醜笨的男人出生了。

然而，投胎圖裡沒有對人品的選擇，這就意味著，無論社會地位和生活境遇怎樣糟糕，我們都可以選擇做一個好人。

不是每一個人的人生銀行裡都有足夠的先天資本，很多娘胎裡沒有帶的東西，只能靠我們自己去爭取。

其實，我們和命運的關係，就像遊戲角色與怪物地圖。在怪物地圖裡，要麼怪死，要麼你死；不想死的話，要麼流血，要麼滾。可惜的是，現實中的我們還不如遊戲角色，遊戲裡有誰都可以用的外掛，只要開上掛，角色便能自主解決問題——人生卻沒有誰都可以用的外掛，那些有外掛的，都做了官二代、富二代。沒有外掛的草根，只能靠自己的雙手去拚搏，去完成艱苦的升級過程。

不過，人生不像遊戲那樣：「死亡」以後可以滿血重生，結束了之後可以重來；起點相同，無論是誰，都得主動升級；沒有存檔，過去的，永遠留不住。

如果沒有顯赫的家世、美貌的容顏或過人的天賦，那麼，唯一可以讓我們有機會勝出的，唯有努力。生命沒有滿血復活的外掛，只有努力升級的結果，我們只能用努力，許自己一個不再平凡的未來。

大部分人的時間被一種「三八理論」分成了三個八小時：八個小時工作，八個小時睡覺，其餘八小時自由安排。

很多人連工作的八小時也沒好好珍惜，得過且過，到頭來，只賺到了一大把年齡，就像股市裡的只賺指數不賺錢一樣，虧不虧啊？而選擇哪種方式來消費自己的八小時之外，並沒什麼確切的好壞之分，拚命充電或輕鬆玩樂，都有很多人在進行，但隨著時間的流逝，不同的安排一定會導致不一樣的生活。

時間會看見我們的努力。我們的今天，不過是昨天選擇的結果，而我們的明天，也早由今天的選擇注定。

如果你不敢，就只能不甘

我發現，我的周圍都是哲學家。

丁先生說：人生的困境只有兩個。一是願意付出的成本過低，而期望得到的收益過高，兩者之間難以平衡；二是人與人之間，關係牽連，陷在各種依賴中不能自拔。因此，想做的太多，而能做到的太少。

石姑娘說：別讓你的本事配不上你的奢望。

采妹子說：沒有能力擁有，就別作擁有的夢。

我補充說：如果你不敢，就只能不甘。

一個極有文學天賦的同學，他喜歡卡夫卡，喜歡索倫．齊克果，希望自己能從事自己喜歡的文學創作。但在他報考大學的時候，父親無視他的意願，要他報考什麼地球科學系。他從小就是個老實的孩子，學習自覺，從不惹事情，對父親幾乎百依百順。但就在報考什麼專業這個問題上，他頭一次和父親大吵了一架，表示，他想上中文系，對地球科學系，他本人根本不感半點興趣，但終於沒拗過父親，從那以後，陽光活潑的他消失了，取而代之的是一個內心憂憤無比的年輕詩人。

如果他的夢想沒有被橫刀切斷，至少，他成為一個一流的學者是沒有問題的，但可惜的是，他的人生輕而易舉地被一次選擇摧毀了。從此以後，他把自己人生的一切不如意，都諉過於他的父親。直到中年，他還憤憤不平。

他的心智能力十分弱，無知得近乎殘忍，僅僅會同情和自己一樣在擇學上遭遇過挫折，而後一直失敗的人，對境遇更糟卻最終逆襲的人，報以的不是欣賞，而是百般看不上。總之，任何在他經歷外的挫折，他都拒絕相信。

明明是不曾抗爭，卻怪強悍的命運。既然沒有能力叛逆，那就只能被命運推著走。隨波逐流也不是全無好處，至少還可以找藉口諉過於人，至少可以欺騙自己說，其實自己不是那麼無能，只是……而已。

其實很多時候，如果你不敢，就只能不甘。

這個世界上，誰的出生不是無從選擇？誰的生活沒有無可奈何？唯一不同的是，有的人，會竭盡全力掙脫生活的左右，而有的人，卻一直被生活左右，只能在不甘裡仰望別人的精采，甚至瞧不上人家的精采。

一個人來到這個世界上，注定了要在成長中經歷掙扎。成人世界裡有種種規則，年幼的我們無力反抗，只能接受。當你平安幸福地被養大，想這樣做，卻被告訴必須那樣做的時候，由於還沒什麼獨立的能力，無奈之下只能接受那樣的結果，在父母的意願和自己內心所想之間找不到平衡的時候，你是不是會陽奉陰違，表面同意承擔那些責任，實際卻不付出一點努力？

兩害相權取其輕，在叛逆主流與違背自我之間，你不敢違背父母的意願，所以選擇了後者。你以為自己作了一個最有利的選擇，但卻萬萬沒有想到，你幹了件自欺欺人的事。是的，你對全世界撒了一個謊，然後需要更多的謊言來圓那個詐騙，你以為你欺騙得了生活，最後你才發現，你所有的欺騙，都得到了生活原封不動的償還。

所有的不敢，讓你進入了生活的黑名單。你不該委曲求全，因為你越是委曲，越是不得圓滿。其實，你的委曲求全，只是一種讓自己心安理得地不努力的手段。

生活是個喜歡告狀的「三屍神」，你所有的不努力，它都會告訴老天爺，它深藏在你的魂魄中，你沒有辦法騙過它。

那位憤憤不平的年輕詩人在大學裡厭倦地球物理的那些年，並沒有在自己喜歡的文史哲學裡折騰出個子丑寅卯來；他厭倦工作的那些年，並未在寫作或研究上折騰出個子丑寅卯來。我問他，你有什麼資格談論自己曾經的夢想？如果夢想知道它竟然不能讓你有孤注一擲的勇氣，不能讓你為之奮鬥不息，夢想一定會羞死的。

還是那句話，如果你過了十八歲，有了自主能力，就沒有資格再埋怨生活中的不如意。能被環境逼倒的人，要麼缺少能力，要麼缺少魄力，一句話，還是缺一顆敢做敢擔當的心。

永遠不用討好一個不懂你的人

有一種功夫叫獅子吼，這種功夫原是形容佛法的至高無上，後來，成為一種少林絕學，相傳會這種功夫的人，只要發出吼聲，便可以讓敵人心膽俱碎。我原以為獅子吼的功夫只存在電影、電視劇和武俠小說裡，存在於包租婆的咆哮中。然而，在《最強大腦》裡，有一位名叫呂飛龍的練家子，挑戰的項目就是獅子吼，現代化點的說法叫「爆裂聲波」——用聲音共振震碎高腳玻璃杯。

擔任節目嘉賓的高曉松一直不相信聲音竟然能震碎玻璃，因為「這不科學！」，即使他親眼目睹了呂飛龍用聲音吹碎杯子，即使在場的科學家已經承認，只要找到共振頻率，震碎玻璃杯並不是一件高難度的事，但是，高曉松還是一口咬定，選手是用了別的法子弄碎杯子，他拒絕承認，聲波會吼碎杯子。

呂飛龍的功夫真不真，我不敢謬論，但我敢說的是，高曉松對呂飛龍的態度代表了很大一部分人都要面對的問題：有的人，無論如何都不會相信你，即使，他每一個不相信的刁難，都被事實反擊，他還是不會承認你的能力。

有時候，不是你做到了，就一定會被認可；不是你證明了，別人就會相信。交流中的最大障礙，就是認知能力差異。即使你再用力解釋，再用力證明，不相信你的人，始終都不會相信你。

無獨有偶，不記得誰說過一個故事，一天，子貢在大門口打掃院子。有人來訪，問子貢：「你是孔子的學生嗎？」子貢答道：「是啊。」

「名師出高徒，我想請教你一個問題，可以嗎？」「請講。」

「一年有幾個季節？」「四個季節。」子貢笑答。

「不對，一年只有三季！」「四季！」

「三季！」「四季！」

「三季！」來人毫不示弱。

兩人爭論不止，孔子聽到爭辯聲，走了出來，子貢讓孔子評定。

孔子先是不答，觀察一陣後才說：「一年的確只有三季。」

來人笑著走了。

待來人走後，子貢忙問：「一年究竟應是幾季？」孔子答：「四季。」子貢糊塗了：「老師為什麼剛才說是三季？」孔子解釋道：「方才那人一身綠衣，容貌蒼蒼，他分明是田間的蚱蜢。蚱蜢，春天生，秋天就會死，一生只經歷過春、夏、秋三季，哪裡見過冬天？所以在他的思維裡，根本就沒有『冬季』這個概念。你跟這樣的人爭論，爭上三天三夜也不會有結果的。」

一個人的經歷和他的認知能力，決定了他的理解能力，一些事如果他沒有經歷過，就永遠不可能相信。我們告訴一條狗，說一生會有八十歲到一百二十歲這麼長，狗是不會相信的，因為牠只能活二十年。所以，我們沒法和井底之蛙討論大海是多麼遼闊，因為牠沒有見過煙波浩渺的大海；不可以和夏日飛蟲討論冰是如何寒冷，因為牠沒有體驗過冬天的冰凍三尺。我們也沒法和認知能力不一樣的人講什麼道理，或許是他們太狹隘，或許是我們經歷不夠多。

我們的人生，不也都是這樣嗎？可以說，每一個人都是絕對意義上的井蛙，受制於生活環境，每一個人的見識都是有限的；每一個人也都是絕對意義上的夏蟲，因為每一個人的時間都是有限的，所以我們的經歷也同樣有限。就像鄉下人進了京城一趟，回來後，告訴村裡的人：「俺到皇帝家串門了！」「皇帝家是啥樣？」「皇帝家都是金子做的，俺坐在金門檻上和皇帝聊天，皇后娘娘用金灶臺給俺烙白麵餅吃！」

以前，如果遇到不講理的人，我會非常生氣，但我現在不會了。當我因他人的無知而感覺不可理喻時，我會告訴自己，他們認知能力有限，沒有能力懂你，因為有的人，無論如何，都不會相信你。既然改變不了結果，不如由他去了，然後很快復歸心平氣和。

接受不能改變的，也是一種能力，所以，離不相信你的人遠遠的就可以了。老天自有安排，你只負責精采。一件事不會因為他們相信或不相信，就有可能或不可能成功。

永遠不要找別人要安全感

覺得缺乏安全感的人，總是放大自己的焦慮和空虛。
他們覺得人生就應該是踏實、穩定、快樂的。
但事實上，人生是一個動盪不安的過程。
我們只是浮沉其中，打撈那些閃亮的瞬間而已。

永遠不要找別人要安全感

假如霍金二十二歲就死了會怎樣？

有人說，《時間簡史》就不會被寫出來了。

有人說，失去了一位偉大的物理學家，黑洞理論可能要延遲很多年才會被發現。

也有人說，他會免去幾十年肌肉萎縮性側索硬化症的折磨。

唯一沒有被提及的答案是：他，再也不能用自己的眼球指揮電腦，寫出自己的思想，研究自己喜歡的物理學，世界從此與他無關。

人的思維局限，大抵如此。

人生的困境，也基本相似，出生，然後活下去，有時磕磕絆絆，有時舉步維艱。不同的是，有的人會迎難而上，而有的人則畏縮不前。誰都會有老而衰頹的一天，疾病和生死面前，沒有富可敵國和權傾天下的豁免權。喜歡的總會離開，討厭的卻如影隨形。外境的任何變數，都能令我們心潮起伏，患得患失，害怕得不到嚮往的，害怕失去已經擁有的。

一生最大的困惑和糾纏，不過是安全感而已，張愛玲向胡蘭成的索求，不過是歲月靜好，現世安穩，但到底是失敗了，一顆高傲的心即便低到塵埃裡，也換不來安穩。

蕭紅留戀蕭軍，戀的不過是他偶一為之的持刀救風塵，與其說她愛蕭軍，毋寧說她愛被救贖的感覺——許多人，終其一生，都逃不過這種因安全感缺失而導致的惶恐，也許正因如此，弘一法師的臨終絕筆才不過這四個字：悲欣交集。

因為困境相似，所以欲望相似，我們拚卻一切，想要抓住的，不過是安全感的保障。所有的理想，如理想的愛情，理想的事業，或者理想本身，其實都只是理想的安全感模樣。

總是不安，所以我們才想尋到依靠；總是害怕，所以我們會竭盡全力地算計到完美無缺，希望能賺到足夠的安全感。

於是，很多女人把對安全感的追求改裝成以愛情示人，有了「愛情」這個口號，一本萬利的訴求就能合理化為一場浪漫奢華的交易——那本是驚世駭俗的美貌與「漢皇重色思傾國」的占有欲相逢時，才會發生的化學反應。即便我們沒有吳王西子貌、商紂妲己身，不代表我們內心沒有被位高、權重、人帥、情專的男人深愛的欲望。

很多人理想的Mr.Right（真命天子），在物質層面來說，即使不能權傾天下，至少也要富可敵國。在非物質層面來說，不僅要有驚人的英俊，而且得有無比的溫柔和體貼，以及恰到好處的執著，讓女人相信，他同時擁有不計較自己無限任性的包容和至死不渝的堅貞。也許，讓全世界最瀟灑、最智慧、最勇敢、最有能力的男人在自己面前變成低能弱智的白癡，心甘情願的牛馬，才能滿足女人對精神與物質的雙重需求吧！

這樣的王子，故事、言情泡沫劇裡都有他們的身影，唯獨現實裡沒有。儘管如此，並不妨礙女人們繼續作夢，作不了白雪公主夢的，可以作灰姑娘夢；作不了灰姑娘夢的，可以作簡．愛夢；如果不幸長成了掀唇瞪眼的無鹽女，連簡．愛夢也作不了的，就只能退而求其次，希望某一個還過得去的經濟適用男給自己簡單的平安。

男人則把安全感的追求包裝成了事業，商人的錢，官員的權，以及相當數量的粉黛，都是他們的事業。所以一些男人作著皇帝夢，一些男人作著俠客夢，也有一些男人作著天仙夢。去掉身分、名稱和環境等一切外衣，我們就能看清這些夢的本質。所有的男人夢裡傳遞的渴望都是：成為資源控制者。

擁有超常能力的俠客，不僅可以保護自己不受傷害，還有能力傷害別人——作這種夢的男人相對比較靠得住，至少成為俠客，需要相當程度的自我努力，更需要相當程度的自信。

但盼著天上掉下個仙女來拯救自己的男人就不那麼好說了，靠另一個人，尤其是另一半的能力來成就自己的男人，恐怕不僅有相當程度的自卑，還有著相當大的吃軟飯的嫌疑。

男人的安全感，來自於對資源的擁有；女人的安全感，來自於對資源擁有者的掌握。成為資源擁有者辛苦得多，需要堅持不懈的努力以及百折不撓的勇氣。相比之下，掌握了資源擁有者，便在一定程度上擁有了一勞永逸的保障。資源的得失，往往只是一部分，但資源擁有者的得失，卻是全部，這就是為什麼與男人相比，女人更容易患得患失。

無論是男是女，都得面對那些已錯過和來不及的遺憾，我們困境如此相似，以至於誰都給不了誰真正的安全感，誰也成為不了誰的救主，所以，永遠都不要找別人要安全感。

那些「山無稜，天地合」，不過是一份感情化後的利益契約。人生只有情難死，沒完沒了的追索背後，是我們如影隨形的惴惴不安。其實，歲月從不偏愛誰，從沒有許給誰完整的安全感。

好運氣是用努力攢起來的

在很多人看來，一些小機率的幸運，如果沒有輪上自己，是一件極不公平的事。別人的中獎、嫁入豪門，甚至是萬般努力才取得的升職，都會讓他們為自己的命運鳴不平。或許，用「別人的運氣好」來抹殺自己好逸惡勞的缺點，是個比較簡單有效的偷懶辦法。

一個男生在一次升職關頭失利了，他的結論是，別人更有關係，走了後門。完全無視別人不僅比自己優秀，還比自己更努力的事實。當別人苦練口語以適應新部門職能需要時，他因為自己只是有點「懶」，只是口語不太好，只是不太喜歡學習，只是不喜歡搞關係……所以被淘汰了。他認為，如果自己也努力，就一定能如何如何。

我相信他的話，如果他真的努力，大約是能如何如何的。

最關鍵的是：他沒有把努力落在實處，再多的如果，有什麼用呢？

一個有房有車的白富美，不僅有份不錯的工作，還有個很疼愛自己的男朋友，兩人正準備結婚。於一個女人來說，美貌、物質、愛自己的男人等幸福的必要條件，她都擁有了，這是一個多幸福的人啊！但她卻憤憤不平，因為她不甘心自己嫁得還不如一個長相比自己差得多的女人。

這個白富美之前有一個閨密，是個特別簡單樸實的姑娘，在一次做義工時，無意中結識了一個非常有錢的男孩。兩人一見鍾情，男孩家給了女孩百萬禮金下聘，結婚那天，擺了一千多桌酒席。白富美看在眼裡，恨在心頭：閨密各方面都不如自己，長相普通，工作普通，家境還普通，竟然可以嫁那麼有錢的一個人，能擺一千多桌酒席，她為什麼不可以？她一定要超過閨密！所以，自從那個閨密結婚後，她就和閨密斷絕了往來，如果那閨密主動聯繫她，她便以為那是在炫耀。

由於她的要求是：禮金一百萬，酒席一千桌，所以，那些普通之家的子弟，她根本看不上。挑來挑去把自己挑成了剩女，好不容易遇上了現在這個事業發展不錯的男友，但男友只願意給二十萬禮金，而且也不想擺那麼多酒席，達不到她的要求不說，家裡人還都逼著她快結婚，她真不甘心……

她恨命運不公平，恨漂亮又聰明的她，遇不上閨密老公那樣既溫柔帥氣又體貼有錢的男人。對此，她唯一的理由是：「我比閨密聰明漂亮，應該嫁得比她好！」

且別說她是否真的比閨密聰明漂亮，這種因果關係其實沒有什麼邏輯，就像因為我有錢，所以應該得到更大的房子一樣，不構成因果關係——有很多原因致使一個人有更多的錢也買不上大房子，一是可選範圍裡沒有大房子，二是這個人出的價錢，本來就買不起更大的房子，當然，還可能有別的因素，意外總努力存在於生活中。

很多人，包括這位白富美都沒有看到，好運氣是用努力攢起來的。你看到的很多，都是表面的結果，其中艱辛的過程只有當事人自己知道。別人練習口語也好，四處交際也罷，這是別人的努力；別人業餘做義工，默默奉獻，不計得失，這是別人的努力；上班不偷懶，夜裡經常加個班，這也是別人的努力。

成功是因為幸運嗎？ＮＯ！成功是通過提升自己的能力，來使自己免於懷才不遇。所謂的幸運，其實是努力之後有了能力，於是機會便找上了你的結果。

當下的幸運，不是未來一定得意的保證。對別人的幸運，我們沒必要羨慕太多，更沒必要盲目對照，然後生出一堆哀嘆之心來。

當你看到別人的成功而替自己難過的時候，你要相信，好運氣是用努力攢起來的，自己如果沒有得到好運氣，只是因為自己沒有更加努力而已。

想得到好運氣其實很簡單，你只需要付出足夠多的努力。那些走好運的人總是比走霉運的人做得更多。每天堅持多做一件事，那麼一年下來，你就比那些不肯多努力的人多邁了三百六十五步。

一個人總要學會獨自成長

獨立不是與生俱來的，是在個人奮鬥的那一刻開始的。常常想，如果不是有了獨自成長的能力，我是不是依然在困窘中沉淪？

幾年前，一個編劇逼我來了北京，並幫我找到了一份終於有熱情堅持下去的編輯工作，由於沒有工作經驗，所以，每天只能等編輯部主任安排我幹活，但絕大部分活都是我不喜歡的，比如核紅、核片、聯繫媒體——這些其實就是打雜活兒。我對詞語規範用法很不熟悉，所以每天要問主管無數個問題：這個字對嗎？這個連詞可以這樣用嗎？海綿真的是一種動物嗎？左肝右肺對不對啊？怎麼刪除文檔裡的重複段落？你幫我改下這個段落，你幫我看下這個稿子……

雖然主管被我奉為「移動的圖書館」，也無法阻擋他迅速被我問崩潰。有一天，我問了無數個問題之後，又遇上了一個生僻字，於是問主管：「四個馬的字讀啥？」主管終於火了：「妳就不能學會自己查啊？這問題很難嗎？太陽底下沒有新鮮事，凡是妳遇到的問題，別人都遇到過。有網路，有字典，自己查一下會死嗎？為什麼總是使喚我？我又不是妳秘書！」

我愣了，心裡十分委屈：我不是不懂嗎？你是主管，難道不該教我？你平時那麼好為人師，不是很喜歡教我們嗎？

我安慰自己，以後遇上不認識的字就不問他了，但別的問題仍然沒少問。直到有一天，無論我問什麼問題，他的回答都是「自己查」的時候，我才發現，他居然什麼問題都不回答我了。

我十分鬱悶，當然，沒敢再抱怨主管，只是暗暗立誓，以後再不問他什麼問題了——我問同事還不行嗎？

後來，同事們也被我問得煩了，人家不好意思說什麼，只是一味用「我也不知道」來打發我的時候，我也就明白怎麼回事了。從此以後，絕少問別人什麼問題。我覺得別人太壞了，連舉手之勞都不肯幫，世態炎涼，沒有人會告訴我暖流在何方。

我從來沒覺得自己有什麼問題，雖然主管告訴我說什麼「授人以魚，不如授人以漁」，自己解決才是一勞永逸的解決辦法，但我依然挺生氣：不想教就不想教嘛，找那麼多藉口做什麼？

主管見自己百般啟發都沒用，突然問我：「有沒有人像我這樣，什麼問題都會回答妳？」我搖了搖頭。

他又問：「有沒有人就算願意幫妳，但卻無能為力的？」我點了點頭。

「有沒有人雖然有能力幫妳，也願意幫妳，卻因為不在妳身邊而幫不了妳的？」我又點了點頭。

「妳有沒有想過，我也許哪天出車禍什麼的死了（呸呸呸），妳問誰？哪天我不在這家公司了，妳問誰？妳要知道，我沒有辦法時刻準備著告訴妳每一個答案。」

我承認了自己的不對，但天生愚鈍，僅僅是覺得有了問題不應該隨便問別人而已。我不知道，瑣碎而沒完沒了的詢問，是對他人的一種打擾。多年以後我才明白，主管很認真地把真正的經驗和智慧告訴我，而我卻對他說「其實，你說的這些道理我都明白」時，我是多麼淺薄、無禮和不懂事。

沒錯，誰也沒有辦法和義務，時刻準備著回答誰的每一個問題。生命就像是趕車，陪在我們身邊的人，每一站都不同。沒有誰會一輩子在誰身邊。有許多路要一個人走，我們始終都得學會一個人獨自成長。

快樂不是因為擁有得多，而是計較得少

我喜歡瞎想，家裡人急到臉紅罵我的時候，和主管討論問題的時候，和朋友聊天的時候，都有另外一個我在另外一個世界裡瞎想。那個我，總是不聽我的話，總是想幹什麼就幹什麼。逛超市的時候，我喜歡拿起東西就走，她卻會比較價錢，看物品值不值，然後告訴我要不要買，我很煩，可是又總是聽她的。唉，沒辦法，我是她的奴隸，而她是我的宇宙真理。

我們就像兩個小人一樣相互爭吵，一個關心效率，一個關心所謂的合理。在這個購買行為中，我發現一個現象：再追求效率的人，也不想吃虧，只有感覺物值其價時，才會付錢。

人人都怕吃虧，人人都不願自己吃虧，即便是芝麻粒大的小虧；一旦遇到吃虧，都會像躲避瘟疫那樣避之唯恐不及。我們很多人都以為，不能吃虧，是做人的頭一條。

我認識的小A姑娘就堅持這樣的觀念。於是，她在課堂上和教授吵架，為一點小利和小販爭執，因為一點不順心就離開公司，感情亦如是。她下意識地認為，總要對方對自己比自己對對方更好，才不虧。倘若感情是秤，她便會絞盡腦汁，總是讓對方付出七分，自己付出三分，心裡的小算盤時刻提醒自己：不能吃虧，多比較比較！但最後卻發現，和教授吵架的後果是功課拿不到好分數；購物的憤怒沖淡了享受的快樂；憤然離職的後果是長時間的後悔；至於感情，總是計較得失，因此不敢去嘗試全身心投入的愛情。

好不容易才找到個相對可靠的工作，可是不吃虧的心理一直在阻攔她的付出。她總是覺得，憑什麼大家到五點五十五分時就準備下班打卡，而我還要加班？憑什麼大家都在混，我非得要認真工作？憑什麼我做了這麼多，領導加點薪水，同事還妒忌我？那時的她，真是太不值一提，以至於後來的她，都覺得曾經的自己小氣得慘不忍睹。

她總是離職，沒有喜歡過公司，也沒有喜歡過她的公司。後來，得益於一個朋友的幫助，她終於謀得了一份自己喜歡的工作——條件是前三個月只給兩百多人民幣的餐補，沒有薪水。可能因為真的喜歡，或者她就是無頭蒼蠅，反正她去了——她以前敢動不動就炒公司，倒也說明她不那麼介意薪水多少。

對新工作，她一腔熱情，不僅努力地做著分內的事，還一反常態，變得不再那麼計較，要她做個別的事，她也會高高興興地去幹。需要幫同事幹點什麼他們不想幹的事，她也樂呵呵的，甚至還為此熬過通宵。

主管感動了，覺得就給兩百多的餐補有點過分，於是給她多發了兩百塊勤奮獎。她都不好意思了，覺得自己沒怎麼用過心，還被獎勵，很慚愧。隨後，主管發現，她一個人承擔了近乎一個部門的打雜工作。主管發現她加班寫的文案有模有樣；主管發現她雖然不會具體技術，但協調能力很好；主管發現，她還是有天賦的，他決定要留下這個人。

其實當初，只是做為拒絕藉口，才說只給她兩百餐補的，因為主管根本不相信她受得了這麼低的待遇。

第二個月月底，她接到轉正通知，薪水兩千兩百元，雖然不多（其實在六七年前還算可以吧），但那是認可。從此，她就在行業裡待了下來，並且發展得不錯。她一直感激，覺得那是主管的特別恩賜。後來，她從別處知道，原來，她做的一切努力，主管都看在眼裡。與那些整天混日子，一到下班時間就堅決關機的人相比，她讓人感覺實在太敬業了，於是，主管對她的指導和提拔就格外用心。

所謂的吃虧是福，是說當一個人證明自己有好品質，或有能力的時候，得到的相應的回報。你必須證明你值，你才會得到你的所值。而證明的過程，恰恰是我們不願意吃的虧。很多事情，只是因為我們沒有拆掉計較的那份心思，才變得那麼艱難的。一個人快樂與否，不是擁有得多，而是計較得少。

去愛吧！就像不曾受過傷一樣

在薄情的歲月裡，深情是一齣悲劇，需要以莫大的勇氣注解。
那些滄桑而又寂寥的句子，是一處處孤獨的傷。
我會安慰自己，這些傷口並不痛苦，它們都是愛的烙痕。

被世界冷過，才知道溫暖的滋味

現在的我，極懶，電話都懶得接。一天早上五點，收到來自家鄉的電話，只響了兩三聲便掛了。我聽得出那邊的猶豫，是的，我已經好幾個月不接任何家人的電話了。我知道我是如何讓一些人悲痛欲絕的，但是，也真的是沒有心情去面對。我相信他們會是最愛我的人，假如我一有什麼風吹草動，會不顧一切照顧我，但是，我寧願不要這種照顧。所以，我看到那個號碼，流淚，看著它不敢再響起，然後心疼。

那是我曾經竭盡全力取悅的人啊，她有一點兒笑容，都會是我的天堂，可是現在，我不想了，不想了……不是因為恨，而是因為冷漠。愛裡最大的傷害，不是對方討厭你，而是你做什麼，對方都看不見。

曾經的我，也曾極度勤快過。

我可以為了讓母親高興，以十三歲的嬌弱挑戰一百斤的挑水任務；我在做飯時，總是悄悄地給她碗裡弄一個雞蛋，當然母親總是給弟弟吃了。那種不公平的愛，是怎樣地傷害了一個孩子的心！

我也記得我愛惜母親到了極致，不忍她一人苦累，半夜起來到秋收的稻田裡去收割稻穀，或者，在所有小夥伴都穿著棉鞋跳繩玩皮筋的冬日，赤腳在露重天晚的野外，拔扯和我同樣嬌嫩的青草餵豬……那時我勤快的美名在村裡四播，村人是不喜歡別人在自己地裡拔草的，但一見是我，總見憐惜，從不呵斥。夏日炎炎時，我總不忍她出去勞動，所以每到中午，或夜晚，如果她還未曾歸來，我就會喊遍每一個她可能出現的地方，怕她口渴，怕她中暑。秋日雷雨時，那麼大的雷，那麼大的雨，別的孩子都躲了起來，我卻帶著傘，滿世界奔跑著找媽媽。

妹妹搗蛋，弟弟全然不知人事，這個世界，媽媽只有我可以依靠。我很弱小，但因為愛媽媽，所以，我很勇敢。至今，媽媽一想到我滿世界找她，就會感動得流淚，但是，這個曾經是全世界最愛她的人，現在對她，大約也是全世界最冷漠的人……或許，愛在傷害裡消耗殆盡了，一個沒有愛欲的人，有什麼動力去勤快呢……

她永遠不會知道，自己刻薄的語言是如何一次又一次將一個剛從深淵裡掙扎出來的人重新踹回絕境的。所以，她永遠不曉得我因她而受的傷，她也永遠不會想到，在家什麼家務都包了的我，在另一個家裡是如何地十指不沾陽春水，我只在世界裡全力取悅過她一個。

多年以後，我才明白，誰是財富的擁有者，誰就擁有特權；誰將成為財富的擁有者，誰就可以擁有更多的寵愛。在那個重男輕女，又封閉得口水就能淹死人的環境裡，母親的重男輕女，別無選擇，母親格外的重男輕女也格外沒得選擇。

弟弟寄託著母親全部的人生希望，她希望他出人頭地，希望他成家立業，給自己一個含飴弄孫、不愁吃穿的晚年。她不是不愛女兒，她也為女兒做飯織衣借學費，她也會在女兒受重傷時不顧一切地要救治她，只是，她太弱小，即使她付出了全部，也依然不多，更何況她的希望已經嚴重傾斜。

因為自小在家被欺負，她執著地追求一份男人的呵護，然後，在我父親那兒，傷得體無完膚；因為太執著於生子重振家門的希望，她在弟弟那兒，輸了個徹底。

世事從來玩弄人，你投入越多，抱的希望越大，得到的失望就會越大。可以說，弟弟病後，世間已無我的母親，只有母親的行屍。

命運，好比一個自稱賭神，實際是個騙子的傢伙。他告訴你，只要你聽他的，你就一定會贏，而他其實，早就和莊家商量好了如何騙你。你滿懷希望地一注注地押了下去，可是你卻一直輸；儘管如此，那兩人還時不時給你一點甜頭，總能讓你心懷希望。

你不甘心，終於押了全注，期望畢其功於一役，結果，你投入的一切，如落花一般逐了流水。

我不知道，被命運玩弄的母親，經歷了多少悲苦交集，我只知道，這是一個希望一再破滅，還下輸了人生最後一盤棋的可憐女人。

是愛，是恨，於此時的我來說，已經不重要。假如時光真的可以穿越，我想穿越於五十年前的某個夏天，把那個出生得不合時宜的小姑娘帶走，給她一個溫暖的童年，給她一個充滿愛的世界。

假如可以，我一定要她知道，丈夫並不是天，兒子也不一定是希望；假如可以，我願意跪在佛前求五千遍，許她一個擁有正見的人生。

不是世界太殘忍，而是當初太天真；不是歲月太薄情，而是我們忘記了活下去的初心。被世界冷過，才知道溫暖的滋味；生活沒有給予，是為了有東西讓我們爭取。很多傷害和委屈都是在告訴我們：得不到的，要爭取；得到的，要珍惜。

親愛的你，也如此。

面向陽光，就不會有陰影

曾經有好長一段時間，我非常恨我的父母。我覺得父母之間沒有愛，父母對我也沒有愛，一家人之間，永遠只有沒完沒了的批評、指責、爭吵和打罵。母親說話聲調急躁高亢，任何一丁點兒事都能引發她暴戾的責罵，這使得我對安靜有著變態的需求。我尤其恨我母親動不動就說這家女兒嫁了有錢人，那家人嫁女兒得了多少禮金，母親說話的口氣，讓我感覺她強烈渴望通過女兒嫁人，來改變家庭困境。

後來，看了動物影片《最後的獅子》，母獅為了保護孩子，四處流亡，被獅群欺負，被鬣狗搶奪食物，被牛王襲擊，在苦難中，她的三個孩子，一個被淹死，一個被踩死，即使這樣，她都沒有放棄尋找第三個孩子的想法。終於，她征服了獅群後，也看到了自己的第三個孩子，而這時公牛群向她的孩子走去，為了保護這最後的血脈，她竟敢悍然獨自對抗整個牛群……

媽媽難道沒有愛過我嗎？在我胳膊受傷時，冒著炎炎烈日背我找醫生；在我眼睛受傷時，夜裡四處求藥；在冬日裡別的母親都閒著時，給我打毛衣……她是有一些行為對我造成了傷害，但這不代表她的本意是要傷害我。她那麼容易發怒，是因為她的期待沒有被滿足，她一直處於缺少愛，缺少陽光的狀態，所以她那樣。

當我知道母親的任何情緒反應都只是受傷反應，並且相信她對我們也有著和母獅那般強大的母愛本能後，我徹底從心理上原諒了母親。我知道，她認為女人一生的命運都掌握在男人手裡，要改變命運的唯一機會就是嫁人。

而她嫁了一個窮人，所以她非常希望自己的女兒不要再走那條艱苦的老路，覺得嫁個有錢人才是女人的唯一出路。這些思想深入骨髓，以至於任何一家人嫁女兒都成了她極關心的事。在那樣一個重男輕女的地方，她還有對女兒的殷殷期待，全心全意地在艱苦中照顧著自己的一兒兩女。她不完美，但足夠偉大。

至於父親，經過對他的一系列奇葩經歷的理解後，我也算是接受了他的性格成因。他根本不具備成家的能力和心態，心靈在本質上還是個孩子，虛榮、懦弱又自暴自棄。父母之間相互不理解，不知道人生之路要如何走，夫妻之間要如何相處，所以才有了痛苦的一生。

如果不小心遇上了這樣的父母，我們要在心態上把他們當成孩子看待，坦白地告訴他們，受傷有情緒很正常，但不當的情緒發洩會傷害自己和身邊的人。

當他們發脾氣時，我們不能著急，而是要讓父母冷靜下來，告訴他們，任何負面情緒都是心靈的自我防衛機制，無論是生氣、抱怨、急躁還是妒忌，都是內心期待沒被滿足導致的。我們可以問清他們期待我們怎麼做，也要告訴他們，很多時候，我們並不知道他們有什麼期待，也有很多時候，他們的一些期待是需要溝通的。

告訴他們，不是自己有期待，別人就應該滿足。每一個人都是獨立自主的個體，我們可以相互扶持，但相互扶持卻不一定是義務。所以，我們唯一能做的就是，自己去做，不去干涉別人，不因別人沒有滿足自己的期待而感覺傷心。

我們要告訴他們，不能以主觀感受去片面地看待問題。任何形式的期待都是對他人的道德綁架，是一種懶惰的依賴思想表現，我們只能要求自己做好自己。告訴他們，人與人之間是平等的，彼此間只有自願的相互協作，任何一方不願意，都並不是錯。

如果我們真的這麼和父母深入交流過，我們會發現，父母並不會不講理，當父母向我們敞開自己時，我們會發現，他們和我們一樣，有那麼多無法釋懷無法被理解的創傷。你會發現，當父母感覺自己得到了你的理解時的那種感動，是你從任何別處都無法看到的。

了解父母的經歷，了解父母記憶深處最難以忘懷的那些故事，了解他們的價值觀，我們就能理解父母的性格成因，就能說明父母走出錯誤思維的桎梏。當然，這需要我們付出耐心，付出時間。沒有誰的心靈創傷是一兩次疏導就能解決的，改變思想是一個巨大的工程。但只要我們願意，一點點去改變，總有一天，你會發現他們那令人驚喜的變化：他們的抱怨越來越少，快樂越來越多，對你的理解和關愛也越來越多。你的每一分努力，都是對這個世界進行的改變，何況是對父母呢？

大多數人的童年都留下了父母造成的陰影，甚至陷於這種陰影中不能自拔。面向陽光，就不會有陰影。首先，我們要努力走出陰影，其次，只要相信父母是愛我們的，曾用最真實的本能守護過我們，那麼，我們要學會原諒他們，並且幫助他們成長。

或許，在我們臨終作生命總結時，可以自豪地來一句：我幫助父母尋找到了真正的人生幸福。

對不起，我實現不了你的願望

很多成年人從來不給孩子自由，總是逼著我們成為他們心目中理想的樣子。當然了，這些成年人自己一般很失敗。他們自己都沒能按自己的成功要求，亮閃閃地活著，卻認為我們要是按照那樣的理論去做，就一定會成功。

對於那些動不動就要求你要怎麼做的人，我想對他說：人不是長了兩隻耳朵嗎？一隻讓你進，一隻讓你出。古代有一種飾品，叫充耳，這東西的作用，就是提醒我們儘量不要聽別人胡說。《鄭玄．箋》曰：「充耳，塞耳也……如見塞耳，無聞知也。」翻譯過來就是：充耳就是把耳朵塞起來，要是你看見充耳這玩意兒，你就要曉得，別人不想聽你說啥子。嗯，如果翻譯錯了，不要怪我，我是故意的。

我非常反感成天揮著道德大棒欺負孩子的人，大約因為我自小是個懶得陽奉陰違的主兒吧。我老娘要求我學別人家姐姐那樣，即使弟弟往頭上澆開水也不吱聲。我聽了之後，索性把飯碗扣在弟弟頭上——與其這樣卑賤地活著，不如讓她弄死我算了。當然，我老娘沒有弄死我，只是一邊罵我，一邊傷心地哭了一場，我總是這般忤逆，卻又總見不得可憐的老娘流淚。唉，悲催的人生不寂寞，因為有難過陪著我。

我老娘總是逼我讓著弟弟和妹妹，有什麼好吃的，他們可以放肆地享受，我卻只能看著。當然，幼小的我從來沒有想過反抗父母，不過是心裡恨恨地說：總有一天，他們會變笨的！然後用一流的騙術，把很難吃到的蘋果啊梨啊都忽悠到自己手裡。

我這麼不得寵的原因，不過是因為我大些。其實，我比我最小的弟弟，也不過才大三歲多，不曉得他們哪兒來的自信，認為我就必須成為一個偉大的勞動模範和學習榜樣。一句「妳大些啊」，從道德上堵住了我所有做為孩子最正常的需求，無論是精神上的關愛，還是食物上的公平分配，都因這句話而與我無關。當時雖然覺得委屈，但是，那時還總自責，只以為自己氣量狹小，不能實現父母的願望。現在才知道，我其實沒有什麼不對的，倒是我的父母的做法，比較具有反面的教育意義。

不過，到底是小孩子，內心再怎麼自責，也還是壓抑不了對食物的渴望。有次老娘問我弟，他怎麼不吃水果？我弟說，都給大姐保管了——當然，都保管到我肚子裡了。老娘被氣得沒辦法，為此我沒少挨揍。

捆綁了太多倫理道德的家，可能不是一個無愛的家，但卻一定是牢籠。所以，我跑啦，除了必要的聯繫，幾乎完全不與家裡溝通。我才不要一打電話，就聽見老娘說，妳看誰的女兒嫁得多好，給了家裡多少錢；妳看誰給弟弟買上了大房子，妳看……我同樣拒絕和我妹妹交流，因為她的口頭定語一定是：「妳就是因為如何……才如何……」我不同意她說的每一個字，雖然我誓死捍衛她說話的權利。

她並不了解我，只看到了我最差的一面。但是，家人總歸是家人，感覺愛不愛，都是愛的，喜歡不喜歡交流，都是要交流的。所以我對妹妹說：「去買本《做，才能改變》，在妳看完之前，我不會和妳說話，妳根本不懂我。」她立即行動了，並且以最快的速度讀完了，激動地買了幾十本四處送人。這點倒是我妹極愛護我的證據，雖然她的愛也不比枷鎖好多少，但心眼確是好的。反正自從她接受了她不懂我的事實後，我就開心了很多。

現在，我那原來成天怨語不絕的老娘，學會了想開；而我可愛的妹妹呢，也學會了放手，不再逼我一定要如何做。如果我不為自己爭取一回，恐怕還是要戰戰兢兢如履薄冰般地活著，自己不爽，別人更難過。

壞婚姻一定是所好學校嗎？

有人說，徐志摩對原配張幼儀的離棄，正是為了成就張幼儀，也因此真的成就了張幼儀，就像司馬遷因為受了宮刑，才成就了《史記》一樣。由於負了靈魂有香氣的張幼儀，所以徐志摩這個原本至情至性愛恨分明的人，成了絕情的渣男，殘忍的負心人。不僅如此，老徐把詩人這個物種也拉低成了不可靠的極品。由此很多人認定，詩人才情是靠拿別人的感情墊背練出來的激盪心魂，大凡女子，還是不要找詩人得好。

我也弱智地感慨，當下的壞事往往就是未來的好事，當下的痛苦可以收穫未來的智慧，當下的經歷可以收穫未來的回憶，多麼了不起！可見，壞婚姻是所好學校。沒有一個壞婚姻，上海女子商業銀行會少了一個張總，雲裳服裝公司會失去一個女經理，國家社會黨會失去一個好會計。這麼一想，我馬上覺得自己的思想高端大氣上檔次，低調奢華有內涵了。

弱智的我差不多要繼續這麼弱智地剖析下去時，突然弱智地感覺頗有疑問，假如

「壞婚姻是所好學校」這個論點成立，那麼，世間所有遭遇婚變的女子都應當成為張幼儀才對！即使沒有張幼儀的成就，至少也要像她一樣，經過愛恨離別之後，過上品質勝於婚姻的生活，但現實好像並不如此。

你看朱安嫁了魯迅後，一生都萎謝了；你看為愛流浪在男人之間的蔣碧薇，只是把過往的痛苦重複地迴圈一下；你看美麗才情如陸小曼，也只能依賴自己不斷貶值的自然資本去換取紅顏。唯有一個張幼儀，被婚姻傷害後卻活得活色生香，一個人的生活品質超越了兩個人的生活品質。

不然遭遇壞婚姻的朱安、蔣碧薇、陸小曼，為什麼沒有獨立，過上更好的生活呢？我想更多原因是她們沒有那份能力和實力。

就像所謂的愛恨分明，愛與憎，本就意味著兩個極端。本身就意味著不喜歡，就不會有真性情。而極端和真性情，也總離不了殘忍和決絕的支撐。魯迅就是不喜歡朱安，所以始終沒有與她發生親密關係；縱使徐志摩和張幼儀生了幾個孩子，也沒能和張幼儀建成什麼溫情，所以日後才跑了路。

我們不能一邊指望人家真誠，還一邊指望人家心軟，即使沒有愛情也能報以溫情、柔情、親情。

如果一味只用感受說話，那就只會出現「對元配要絕對忠貞」和「就算不喜歡元配，也不要那麼狠心……」這樣沒立場的話。我想，假如魯迅因為同情和心軟，一面與朱安維持名義上的婚姻，一面再娶許廣平，人們還是會不高興的，魯迅說不定會被定義成陳世美，而許廣平則是萬人唾棄的小……

其實，魯迅的殘忍是一種慈悲，他沒有給朱安任何幻想，免卻了她因希望到絕望的痛苦。朱安其實一直很絕望，這種持續的絕望雖然也痛苦，但其強烈程度呈邊際效應遞減的規律，越來越小。他隔絕了她一輩子都不會有的體驗，她雖可憐，但到底和未出閣生活一樣，沒有什麼大的變化，只是很多東西也無法擁有了，比如子女。

其實，一個女子的人格是否獨立圓滿，絕不是壞婚姻決定的。很多沒有壞婚姻的女人同樣人格獨立圓滿、靈魂有香氣，比如林徽因。決定一個人人格能否獨立的，既有家庭原因，天賦原因，也有外部環境原因，壞婚姻頂多是外境條件之一罷了。

在這三種原因中，天賦第一，因為這是萬難加身都不會改變的東西。雖然說「玉不琢不成器」，但你至少得是塊玉，才有被雕琢成玉器的基礎。

其次是家庭，我們看到，張幼儀出身很好，不僅在那個女子很少讀書的年代有書可讀，還有個特別疼愛她的有錢哥哥，她離婚後雖然帶著孩子，倒不用擔心生存問題，還可以安心地志於學。但生活中的很多人，並沒有那等幸運，很多女人一旦離婚，生計都成問題，哪會有心情去上學？滿腹才華的陸小曼不就是因為沒有生存能力，才做了一輩子外室嗎？更何況，有些人生計不成問題，也不會志於學。

再次就是類似於壞婚姻這樣的外界苦難了，這些苦難能在一定程度上放棄一些另外的可能，促使一個人完成生命中最重要的使命，正如司馬遷那樣。但是男人並不會因為受了宮刑就都變成司馬遷，其他受了宮刑的男人，都只是成了太監。司馬遷要成為千秋太史公，受宮刑只是一個催化因素，但若沒有「繼往聖絕學，開萬世太平」的理想，沒有使命感，沒有掌管國家資料館的職務之便，沒有堅忍不拔的意志等一切其他因素的累加，他也不會寫成《史記》。

所以，壞婚姻是好學校嗎？

一個人有沒有成就，既不是某種障礙決定，也不是某種條件決定的。有沒有一樁壞婚姻，或有沒有一個李剛爸爸，都不是一個人之所以成為一個人的全部原因。王侯將相並不一定有種，貧賤之民才有了改變的可能，我們的努力才有了希望。所以，要相信生命是一株會走路的花苗，努力尋找適合自己的養料，你才能開出美麗的花兒來。

不想被生活左右，就得左右生活

一個小「白羊」失戀了，他痛哭流涕地對我訴苦：「我現在很痛苦，很難過，怎麼辦？」我看著他那張俊美的臉，面無表情地回答：「那就盡情地痛苦去！」

「可是我很難過，我是來找安慰的呢！」我白了他一眼說：「那就好好地體驗一下難過的感覺，這不挺好嗎？難過只是過得難點罷了，又不是不能過！」

他邀請我陪他喝酒，想喝個爛醉如泥。我拒絕了：「要瘋是你自己的事，要愛是你自己的事，要難過是你自己的事，要發洩也是你自己的事，不要扯上我。」

或許，有的人習慣了受點委屈就找人傾訴，別人也會告訴他們一些放下啊，淡定啊，捨得啊之類的大道理，但是，人的理性那麼脆弱，根本敵不過受傷後的本能反應，再多的道理，也撫不平心頭的悲傷。不是一懂得道理，我們就能立刻滿血復活，像不曾受過傷一樣。

是的，別人安慰不了你的悲傷，如果你痛，就盡情地痛好了，如果你難過了，就好好地難過一下，因為你不好好地難過一下，接下來的日子可能照樣難過。心靈的傷不是外傷，一個真正非常受傷的人的痛苦，是不可能從別人的安慰裡得到緩解的。

一個苦者對一位老和尚說：「我放不下一些事，放不下一些人。」老和尚說：「沒有什麼東西是放不下的。」苦者說：「這些事和人，我就偏偏放不下。」老和尚讓他拿著一個茶杯，然後就往裡面倒熱水，一直倒到水溢出來。苦者被燙到，馬上鬆開了手。和尚說：「這個世界上沒有什麼事是放不下的，痛了，你自然就會放下。」

粗粗一看，覺得和尚說得頗有道理，但是再品卻會發現禁不起推敲。心靈很難量化了來看，更無法孤立地片面地看，偽禪師想用一種簡單明瞭但又似乎發人深省的方法來說明問題，但把事物的本質屬性泛化了，使得整個比喻不僅失於嚴密，更淪為了俗套。

在比喻裡，苦者與那杯水，各自具有某種程度上的孤立性，要苦者放手就遠離痛苦，一來需要那個杯子不會粘在手上，二來需要苦者忍受不了這個痛，三得是這杯水不太燙，至少從接觸到放下後，都沒有造成多大實際性傷害。但現實中，人們承受的真實苦痛，卻不是孤立得可以輕易劃清界限的。我們沒辦法叫一個為頭痛所苦的人放棄腦袋，也無法叫一個為心臟病所苦的人放棄心臟，而一個被滾水燙傷的人，再怎麼放下，也需要時間來修復自己的燙傷。

同樣，假如一個人剛剛失去最心愛的戀人，和伊人的很多生活，深深地與他整個精神世界融合在一起，輕飄飄地說句，痛了就能放下，他就可以全然與過去決裂嗎？肉體上的苦痛，有很多並不是說放下就可以隨時放下的，精神上的痛苦，更是我們存在的一部分，要放下這種痛苦，無異於同自己的某一部分割裂。

所以，我認為，痛了，就盡情地痛去，就體驗一回抓肝撓肺帶來的求生不能、求死不得，體驗一回怒火攻心時的血脈賁張。

只要我們還活著，就得在肉體裡經歷最真實的冷熱痛癢，在精神上承受最刻骨的喜怒悲憂。除非生命結束，沒有誰能無視或遮罩這些體驗。

不是痛了就能放下，不是割裂就能治癒，正如不是努力就能得到一樣。有一些事情必然會朝我們無法控制的方向發生，漫長人生裡，永遠與我們相伴的只有不安，我們唯一可以做的事是努力強大，甚至強悍。

人生是一盤用一輩子與生活博弈的棋局，任何高手，都無法在一開始就預知全域，無法百分百地知道生活會落子何處，只能考慮每一步後手的可能。

沒有絕對的退路。哪兒有生活，哪兒就有對手，我們不得不永遠戰鬥下去，生活不會因為我們痛了哭了，就停止出手。

修煉一顆恆心，才能不跟著世相的千萬般變化，把自己走丟。如果不想被生活左右，就只能左右生活。

辜負了誰，都不能辜負自己的未來

我們接下來的每一天，都是餘生中最美好、最年輕的一天，荒廢任何一天，都是在荒廢最珍貴的日子。
放手去做吧，不管是成功還是失敗。
唯有如此，才不負未來。

你喜歡畫風景，還是畫的風景？

欣賞油畫時，要站在一定的距離外，才能看到油畫的美妙之處。由於油畫家用了各種不同的筆觸、刮刀來營造堅硬、鬆軟、粗糙、細膩等不同的質感，油畫表面的色漿往往很不平整，所以，油畫遠看是風景，近看卻是一堆的顏料。

人的理想與現實，就像油畫。在一定距離之外看，是風景；在一定的距離之內看，則是瑣碎與不堪。我們看到了理想的遠距離的風景，便以為自己要做畫家來畫風景，其實，很多時候，我們只是喜歡風景本身。所以有這麼一句話：「理想很豐滿，現實很骨感。」

這話說得似乎挺有理，但若我們仔細分析一下的話，就會發現，這句貌似很酷很真相的話，並沒有什麼道理可言。理想這個詞，本意是對人生境遇的合理期待，但是，很多人誤將對風景的迷戀，當成了對「理想」的喜歡。是的，你把自己對美食的喜歡，理解成了想成為廚師。所以你才會描述出一些似是而非的理想，比如「我要嫁個有錢人」，「我希望年薪百萬……」「我要買三套房子兩輛車子……」這些是利欲，和理想無關。

真正的理想，是有計畫、有目標，可以通過具體努力實現的抱負，如果我們羡慕的只是享受輝煌的感受，如果我們嚮往的只是滿足自己的欲望，那麼，我們的理想，將會在現實面前碎成一地的玻璃渣。

世事是由細節構成的，支撐偉大的，是那些不為人知的瑣碎，以及種種艱苦、重複、掙扎甚至是難看的吃相。遠征之路，看上很宏偉、很壯美，那一路塵沙氤氳，揚起的似乎是如詩般瑰麗的前程，腳下所踩的是浪漫的黃土，遠處還有豔陽、彩虹為我們壯行。

但當我們走起來後才發現，每一步，都要老老實實用腳去走。宏偉變成了崎嶇坎坷，塵沙氤氳變成了風塵僕僕，黃土成了動不動就難以拔腳的泥濘，豔陽雖好，卻酷熱難耐，彩虹不知道會在何時何地出現，只有風吹雨打不斷抽著我們的耳光，直到這時，我們才會懂得，曾經那些看上去很美的波瀾壯闊，實際上是我們並不想經歷的大起大落。

生活會用事實不斷撕碎我們頭腦中那些「王子與公主結婚後，開始了幸福的生活」的幻想。

比如，我很愛看書，所以曾經理所當然地覺得，如果能當編輯，一定是件極幸福的事。後來，我如願以償地成為了一個編輯，其間的瑣碎、糾結幾乎多次使得我欲哭無淚。有時，定一個書名要折騰幾個月；有時，定一句文案要折騰幾個月；有時，好不容易把一本書做到付印的境地，卻又因為市場或別的原因終止出版。

我敢說，這幾乎是我幹過的最折磨心智的工作，當年只做簡單而重複的工作時，那種可以走神的自由，那種你只要下了班就可以安然入睡的坦然，已經成為再也不可能擁有的奢侈。現在想想都覺得自己可笑，以為當編輯只要看看書校校稿就行了，卻沒有想到編輯是一個專案的策劃人和全流程的執行者，承擔著非常繁雜的溝通環節和細節處理。

還有，如果每一個稿子都要看七八遍，就不是簡單的享受，而是折磨了；如果稿子不盡如人意，或者遇上難纏的作者，那麼，恭喜，離心力交瘁已經不遠了。

很多編輯之所以會當編輯，只是因為一時別無選擇，這個行業只是他們的跳板罷了。當編輯的夢想和當編輯的現實差距如此大，就像撈珍珠和戴珍珠的差距一樣大。

當然，我並不是說我後悔做編輯了，恰恰相反，正是因為深愛這個行業，我才能在平庸裡堅持這麼多年。沒有那些生不如死的折騰，我現在只會是一個世俗的婦人，糾結在生活的瑣碎裡，為丈夫的不上進或花心而痛苦，為子女的叛逆或成績不好而痛苦。我想說的是，任何光鮮事件的背後，都有著不入局、不知深淺的底細。

如果我們羨慕的只是滿足欲望的快樂，我想問：你確定你喜歡畫風景，而不是畫的風景嗎？

只有馬上開始，沒有永不嫌遲

不知道是哪位神仙說過一句：男人只會老去不會成熟。連周國平也承認，男人的心智頂多長到半大。在QQ上與一個陌生大叔聊天後，我總算相信這句話了。一把年紀的人了，都沒有想好人生該怎麼活，大好人生時光，都被打折處理成了低級消費。

活該這個大叔悲催，在我肝火正旺，正愁沒有被罵對象的時候撞到了槍口上。做人得保持形象，我的暴脾氣，氣氣陌生人就算了，平時我還是溫良恭儉讓的。

這個可憐的大叔一上來就調戲我，問我是否寂寞。哼，我是省油的燈嗎？憑著我的三寸不爛之舌，就是西門慶在世我也能讓他改邪歸正了。我不客氣地回了一句：「你滿腦子的情欲，自然只能看見寂寞。」大叔又訕訕地問：「妳心情不好嗎？是不是失戀了？」看來這廝病得不輕，短短幾句話，問的全是他自個兒的希望和困惑。

「你多大了？」我問。

「不惑之年了……」大叔道。

「不惑？我看你有大惑……都四十幾了，還如此偏執，如此自以為是，如此膽小懦弱，如此幼稚。不難看出你既懶惰又自私，急功近利，從不反省，只會抱怨，不難看出按你的能量頂多混個溫飽或小康！」

大叔大駭：「妳怎麼知道得這麼詳細？妳是相學大師嗎？」

我道：「大叔，你可沒發照片給我，你的頭像也不是照片，我從哪兒看你的相去？」

大叔喃喃道：「太不可思議了，妳怎麼這麼了解我？妳是不是蒙我？」

「像你這種心智級別的人根本不值得蒙，我了解的不是你，了解的是人性。」

大叔怨嘆不已，彷彿見到了大師一樣，對我訴說自己的人生有多不得意，僅能混個課外輔導員，過著庸庸碌碌的日子，不知道人生該怎麼規劃，有很多理想沒法去實現。

我笑道：「你平時有什麼愛好？」

大叔道：「不是很清楚。」

「你有什麼理想？」

「我希望有人看我寫的書。」

「你寫了嗎？」

「沒有，感覺自己才疏學淺。」
「想寫什麼樣的書？」
「不知道，還沒有想好。」
「你喜歡看哪方面的書？」
「我不愛看書……」

然後，我對這個大叔佩服得五體投地了……大叔最後嘆息道：如果當初遇上妳就好了。他的意思當然是說，如果自己早點知道努力就好了，我明白他想表達的意思。但是，人生沒有如果，只有結果。正如人生沒有專家，只有輸家和贏家一樣。

他用「如果……就……」的輸家模式，把自己過成了輸家。一個人不願意努力的唯一原因，就是他不相信自己的能力；一個人總說這也不行那也不好的唯一原因，是對自己無能的逃避。

要讓一個人注定不能成功，或者說不讓他擁有改造既定生命軌跡的辦法之一，就是讓他不敢努力，同樣，讓一個人相信自己可以掌控命運的辦法之一，就是讓他敢去努力。

生命不止，折騰不息。這是羅永浩說的話。這句話很有道理，因為你不折騰生命，生命就會折騰你。

很多人都愛說自己很懶，我想他們說這句話時，一定真的以為自己很閒得住。其實，在他們一事無成的日子裡，他們並沒有閒著。有的人在打牌，有的人喝酒K歌，也有的人打遊戲，反正，不正經的事，一件沒少幹。所謂的懶，只不過是這些人厭惡幹正經事，或逃避幹正經事的藉口，彷彿自己一勤快，就可以解決所有的問題似的。

所有的懶和拖延，本質上都是對自己無能的逃避。

一個人的能力，固然在一定程度上受制於社會地位、家庭出身，或文化水準，但是，真正對命運起決定性影響的，是性格。甘於平凡，才會拘於命數。雖然「什麼時候努力都不嫌遲」可能是個善意的偽命題，因為很明顯，一些事情只有在一些特別的時間裡才幹得成，八十歲可以開始學畫畫，但八十歲絕對不能去練鐵人三項。遲到了就是遲到，錯過了就是錯過了，只有馬上開始，沒有什麼永不嫌遲。

在時間小霸王的手心裡討生活，過，也得過，不過，也得過。幸好，我們還可以選擇怎麼過。過去的已經過去，那麼，不要浪費時間去後悔；將來的還沒有到來，只要努力改變，就可以擁有一個更好的明天。即使錯過了百花，我們還有秋月。

拒絕平庸，從努力行動開始，這才是把人生調整成了贏家模式。

你知道自己要去哪兒嗎？

公司周邊飯館頗多，川菜、湘菜、魯菜等主流菜系一樣不少。不過，我和同事最中意的是新疆菜館和順齋。和順齋在餐館林立的紅聯村一帶獨占鰲頭，任何時候，它家的顧客都是最多的。每到午飯時分，周邊的餐館雖然也因為離和順齋近和在那裡排不上隊的問題而分流了一部分，但從整體上來說，差別極其明顯。

邊上一家賣麻辣香鍋為主的麻辣空間，其實那裡也有相當不錯的菜，至少香鍋確實不錯——這確保了生意的穩定；菜也還行，但分量偏大，價錢也偏貴，也沒有適合周邊最大群體——上班族的速食，所以有時連中午也不滿座，畢竟普通上班族誰也不會天天吃香鍋或點上菜相當慢的大菜或烤魚。其他餐館更是很少能滿座，更別說翻臺了，但和順齋幾乎天天爆滿，至少翻三次臺。

除了菜本身的味道確實不錯外，老闆的顧客定位也拿得極好。京城二環的社區，多半是商住一體式的公寓或辦公大樓，這兒的顧客，自然以上班族為主，路邊攤或垃圾小店的價錢很便宜，但用餐環境不好，不受白領歡迎。和順齋很好地解決了這個問題，以定價不貴的速食和定價較貴的招牌菜相結合，既解決了普通的便捷用餐問題，也解決了一般的招待需求，所以想不爆滿也難。

開飯店，要找準定位，人活一世，若想有所成就，不虛度時光，同樣需要找準定位。而定位，要從需求上找，需求找準了，定位就準了。任何一種產品，都只解決兩個貌似分離而實際統一的問題，一個是生理需求，一個是心理需求。與和順齋的水煮肚片、黃燜羊肉等美食一樣，產品與市場需求相得益彰，自然會受歡迎。所以，如果一種產品的銷量不好，要麼，是品質不好，要麼，是沒找準需求。

同樣的道理，如果一個人混得不好，要麼才不足以濟其志，需要努力提升自己的實力，要麼，混錯了地方。因為人們不清楚自己的定位，才有了人生的困惑、青春的迷茫以及工作的力不從心和雜亂無章。

大部分人，尤其是年輕人，沒有認真地思考過自己需要什麼，只是跟著朦朧的感覺和社會需求走著，把時間浪費在了不適合自己的工作上，越是做下去，越是鬱鬱不得志，蹉跎歲月。如果一份工作不是自己喜歡的，那麼，我們很難體會到某種全心投入的感覺，便在習以為常裡走向平庸。

一個人的定位，決定了他的發展高度。由於不知道自己的定位，很多年輕人機械片面地以報酬或舒適做為選擇標準，哪裡錢多去哪裡，哪兒輕鬆去哪兒，浪費掉了很多積累能力的時光，多年以後，才發現自己的個人競爭力近乎原地踏步。而歲月催人老，青春時旺盛的學習能力再也找不回來了。

定位失誤，不是分散了投資集中度，就是投資失誤，難以集中精力地發展。只有找準了自我定位，才知道自己在一段工作關係裡，要的究竟是什麼，知道究竟需要往哪裡發展。

如果你知道去哪兒，全世界都會為你讓路。而人的精力是有限的，只有找準定位，集中投資，長期運作，收益才能最大化，才能在茫茫世界中踏出一條屬於自己的路來。

不曾走過，怎會懂得

迷茫的時候，我們往往會停下前進的腳步，希望看清形勢，再決定朝哪兒走。在一定程度上，這種本能使得我們在情況不明的時候保持冷靜，以不變應萬變，但也有很多時候會使我們裹足不前。有時候，撥開迷霧更好的方法是——探路。

夢想、理想或目標，對年輕的我們來說，有時只是一種為滿足自我實現而產生的朦朧想法，有這樣一些想法，才能為此付出行動。我們只能在實現一個個目標的過程中慢慢鍛鍊、提升、發現自己，最終完成自己的成長。但太多人，都由於自己的夢想和理想太高遠、太偉大、太遙不可及，反而失去了信心，失去了去為之努力的內在動力。

在不斷的行動和際遇中，我們才走向了自己的真正使命。多少立志當太空人的人，最後成為了公務員；多少想當老闆的人，最後擠進了老師的隊伍中；多少立志當科學家的人，最後卻去打聽挖掘機技術哪家強？

所以，當我們不知道自己想做什麼，感覺迷茫的時候，不要停得太久。想不清楚的時候，不如不想，只要努力去做就是了。做的過程中，遇見的人，遇到的挑戰和得到的經驗，都會成為人生財富的一部分。只有不斷去經歷，才能真正理解很多事，才能幫助我們發現世界，才能真正明白你到底想幹什麼。保羅·格雷厄姆曾經在他的日誌《邊緣的力量》中寫過一段話：

如果能重新回到二十多歲，我會告訴自己趕緊做這一件事：努力做點事。和許多同齡人一樣，很多的時間都被我浪費在了去思考應該做什麼上，我應該少把時間浪費在擔心上，而是用更多的時間去創造。如果你不知道自己該幹什麼的話，那麼，去做點事吧！

所以，當一位昔日的同事向我求助，讓我分析他是不是應該為了生存而重回老公司時，我說：「千萬不要走老路，因為你都已經回過兩次頭了，這說明這個行業不適合你。」他困惑地問：「那我適合做什麼呢？」

「你目前的心態不適合任何行業，因為你現在並不知道自己想要什麼，你只是經濟困難需要賺錢罷了。但是，不要為了一點點生活下去的錢去做不適合自己的工作，為一丁點生活費而被奴役的感覺太失敗了。

「你有很多人格障礙，社會把你培養成了伸手黨。你不能從解決工作問題中獲得成就感，因為你對世界沒有掌控力，所以你想躲在心靈舒適的地方，不願意走出來。唯一的解決之道，就是自己去闖去試去感受。重要的不是做什麼，是做什麼讓你感覺自己有掌控力，做什麼能做好。

「只要你幹成了一些自己能幹的事，你就會有成就感，有成就感就能找回一些自信，就能擺脫現在的弱能量心理狀態。在北京，只要你願意做，就不會活不下去。你可以做兼職，做群眾演員，做服務員……闖過之後，你才會看清自己腳下的路該怎麼走。」

如果我們要找到自己想做的事，唯一的辦法就是：做點什麼。人生很短，每個人的時間貨幣沒有想像的那麼多，所以，讓我們去愛去瘋去闖蕩，去夢去追去後悔。

很多成功學勵志書都要求我們「做自己想做的事」，但卻從來不告訴迷茫的我們，究竟什麼才是自己想做的事，使得很多人誤把本能欲望當成了自己的理想。比如我想一天能睡十四個小時，或我想一天買一個好包包，我想吃最貴的晚餐，我要嫁個有錢人等，這些都只是欲望，是我們自以為可以更舒服或使自己顯得更有價值的欲望，不能真正體現自己的創造性價值。

真正的「想做的事」，是基本欲望滿足之後，依然願意為之付出熱情的事，這就因人而異了——不曾走過，怎會懂得？

一生中總有一些事想去做，總有一些事是值得傾盡一生去執著的，放手去做吧，不管是成功還是失敗。

沒有絕望的處境，只有對處境絕望的人

賈伯斯的這段話非常打動我：

我十七歲的時候，讀到了這樣一句話：「如果你把每一天都當作生命中最後一天去生活的話，總有一天你會發現你是正確的。」這句話給我留下了深刻的印象。從那時開始，過了三十三年，我在每天早晨都會對著鏡子問自己：「如果今天是我生命中的最後一天，妳會不會完成妳今天想做的事情呢？」當答案連續很多次被給予「不是」的時候，我知道自己需要改變某些事情了。

它幫我指明了生命中重要的選擇。因為幾乎所有的事情，包括所有的榮譽，所有的驕傲，所有對難堪和失敗的恐懼，在死亡面前都會消失。我看到的是留下的真正重要的東西。你有時候會思考你將會失去某些東西，「記住你即將死去」是我知道的避免這些想法的最好辦法。你已經赤身裸體了，你沒有理由不去跟隨自己的心一起跳動。

我們接下來的每一天，都是餘生中最美好、最年輕的一天，荒棄任何一天，都是在荒棄最珍貴的日子。與其為出身、地位、運氣等憤憤不平，不如行動起來，攢攢人品，攢攢歷練，攢攢機會。用向死而生的心，去為未來拚一把，讓將來的你喜歡現在的自己。

問題不是拖延就可以解決的。工作，不是逃避就可以完成的。最終，拖延的每一夜你都惶恐不安，到最後，你只能驚慌萬分地趕，你在混日子，同時心靈也疲於奔命。與其這樣，不如從現在起就開始努力。

我剛到北京的時候很匆忙，看到有差不多的房子就租下來了，這是一間老式公寓，面積不大，一室一陽臺，廚房和淋浴間裝在陽臺上，衛生間是全層公用的，在走廊中部。屋子裡住著我和另外一個女孩，她只比我晚來兩天。女孩很快找到了一份工作，是去動物園服裝批發市場賣衣服。後來有人說，她的工作不體面，需要為批發商展示衣服，會當眾快速把身上的衣服換來換去，我有點不信。在我看來，她人品不錯，還很敬業，每天凌晨四點就會起床，為了不影響我，她會開一盞昏暗的小燈，半摸黑洗臉穿衣服，化很濃的妝（老闆要求的），然後踩著八吋的高跟鞋輕輕地出門坐晨間車上班去，看得出來，她很能吃苦。熟悉了才知道，原來，她在杭州有一家自己的服裝工廠，還擁有自己的服裝品牌。

她下班早，每天會早早回來給我做晚飯，我們在一起吃飯時，我很操心地問過她：「王姐姐，妳之前做過什麼啊？」「唉，我比較命苦，中學沒畢業就出來打工，還去日本做了幾年苦工。好容易攢了一點錢，我就開了一家小廠，一直發展到現在的規模。」「妳既然已經是老闆了，為什麼還到北京做這樣辛苦的工作？」「今年市場不好，貨都積壓了，我來北京想想辦法。去動物園主要是看能不能有機會把貨銷出去。」「妳覺得有希望嗎？」「我看很懸……沒關係，大不了放在那裡好了，總會有辦法的。」

這個擁有服裝品牌的女孩子，能吃這份苦，不惜重新低頭做很多人不齒的工作，我第一次見識到了殘酷的社會，也不禁暗暗佩服她的勇氣。很多人到了這一步，恐怕只會咳聲嘆氣，但她總是精精神神的，看來世上沒有絕望的處境，只有對處境絕望的人。能把人生的每次不幸都當成一次轉機，才能避免成為絕境中被命運束縛的奴隸。

她很快離開了北京，幾起幾落的她，未來怎樣我不清楚，但是她的堅韌和努力讓我相信，她走出困境是遲早的事。

她可能不知道賈伯斯的這段話，也說不出什麼大道理，但是，她知道只要自己還活著，就可以繼續努力，把每一天認真地過好，就有機會翻盤。

不相信命運的掌紋，只相信手掌的力量

我不相信手掌的紋路帶給我的什麼資訊，
但我相信五個手指握在一起的力量，能改變人的命運。
我不信命，但我信命中給我的每個考驗和奇蹟，
在我的掌紋中安身立命。

不努力，憑什麼過你想要的生活

一個出了大學校門的小男生，兩年裡換了十多個工作，最終還是回到失業的隊伍裡了。他對我抱怨道，自己工作兩年多了，薪水沒提高，活卻又多又累，問我要怎麼樣才能找到一份「好工作」。這「好工作」，不用說，就是錢多、活少、職位高的。

我問他想做什麼，他說他畢業於師範大學，本來是想當老師的。但是家裡沒有錢，只好到北京來打工，做過家教、幼稚園老師、編輯等，還幹過一陣子記者，但感覺都太辛苦，比較來比較去，還是希望能在學校上課。但正規學校沒有編制，私立學校的門檻又很高，所以他還只能給私人學校當招生老師。

據我所知，大多數學校是很缺好老師的。儘管中國的學生會越來越少，但卻會越來越寶貝。教師以後拚的，絕對是教學特色。我問他有什麼特長，哪門課最拿手。他想了很久說：「我感覺語文還可以，當語文老師應該不需要多高的水準，照本宣科就行了，而且我的字還寫得不錯呢！」

通常情況下，沒有哪一種工作尤其是市場化工作不需要專業支援的，走走過場就能旱澇保收的少之又少。到新東方要你能別出心裁地教英語，到學而思要你能別具一格地講國學，要當好老師，就得有自己的特色。我問：「你能把艱澀難懂的文言深入淺出地講出特色嗎？你能啟發學生的思維嗎？」他不好意思地說自己的古文水準一直不好，然後又試探性地問我，看他能不能教數學，他覺得自己教中小學的數學沒有問題。我問他有沒有特別的學習方法，比如能把奧數學習變得像聽故事或玩遊戲一樣有意思。他驚訝極了：奧數方法怎麼可能像故事和遊戲一樣有趣呢？

其實，所有的奧數題回歸本質都是邏輯思維，如果願意在某方面努力，即使不成大家，亦必能得一技之長。願意不願意在某方面持之以恆地努力，決定了一個人能不能擁有更強的核心競爭力。但是有的人，會拒絕任何需要付出耐心和時間的事，只要他們還能苟且，還未到絕境，就不會主動努力。

男生得知要成為一個有競爭力的數學老師需要努力後，又搖了搖頭，感覺自己的水準當不好老師，問我需要做什麼準備。我建議他多聽有特色的課，網上視頻教程很多，選擇自己喜歡的課程深入研究，一定能有所斬獲。不料他卻說自己很不喜歡聽課。

唉，原來他就想不勞而獲！我一聲嘆息，還能說什麼呢，我真的無能為力了啊！不願意努力，憑什麼過你想要的生活？

還有一個特別奇怪的現象，就是很多人在畢業之後，很不願意再為學習投資。他們的思維很奇怪，明明是自己不肯吃苦，卻說花了家裡很多錢，要孝順一下父母了，所以薪水一定高點的工作才會做。或者說自己已經畢業（以為自己真有能耐了），不能再依靠家裡，所以一定不能再去為學習投資了。

年輕人在學校裡學到的，往往只是基本的常識，不具備工作經驗和能力。一個人雖然認識幾味草藥，背得一些脈訣，但不等於有能力給人治病。同樣，無論家裡曾經為一個人投資多少，都不是他要求高的理由，正如一個人學會了吃飯，並不一定必須吃上山珍海味一樣。

或許，你會說，你必須先生存下去，才有可能努力。

看上去很正確，但其實，這麼多年以來，你一直靠別人的愛與饋贈活著，卻不見得有過努力。沒什麼能力，你依然安然地過了這麼多年，但這卻成了你必須擁有多少薪水的藉口。你不懂得，必須生存下去，不意味著別人必須先養著你。沒有生存壓力的日子，你雖然抱怨空虛、無聊和寂寞，但是除了這些外，你過得還是挺爽的，至少你不用承擔什麼，至少不必一醒來就為迫在眉睫的資金困境和生存壓力發愁。

當你需要自己養活自己時，才發現，在社會中混生活，是需要先證明自己的。能不能擁有什麼，完全取決於你值不值，沒有誰會許一份安穩給你。天下人不都是你父母，沒人應該先滿足你的生存需求。

我們習慣了踩在別人肩上，好高騖遠時，往往會忘記，總有一天，我們要靠自己的力量行走江湖。很多學習，在離開學校之後才真正開始，不要找藉口放棄努力。

行動是治癒恐懼的良藥

職場上十分痛恨聽到的一句話是：「我晚些時候會把這個檔發給所有的人。」因為這往往預示著自己必須時刻提醒他不要忘記。同樣，「到時候我會把那些東西都準備好」、「大概是明天」、「明天或者後天客戶會過來拜訪」、「好像他說……」很多人都會這樣說，第一給自己留下了廣闊的餘地，第二也不會給別人造成很大的壓迫感。

其實，說這話的人一般都不想動，他們不想打擾懶惰的身子和腦子，總想等著某天「有狀態」時再去解決一切問題，做什麼事都指望一種情緒狀態而不是意志力。無志之人常立志，就像我，天天說要堅持、要堅持，可是沒有什麼事能堅持下去，當然，我還堅持活著，堅持每天最少吃一頓飯。凡是不需要意志力的本能行為，我倒都堅持了下來。說到底，總是不想開始，是一種精神病。自從我曉得自己是個精神病後，我的精神就好多了。

我們的精神病主要是恐懼，但是，很多時候，一些事物並無實質性的危險，卻能讓我們非常害怕，因此衍生出種種其他情緒來逃避自己的恐懼，比如懶惰、拖延等。所以才有了萬事開頭難的說法。我想再加一句：萬事完成難。

我至少有近二十本書的寫作計畫，但是從來沒有完成過。今天我想寫一個言情小說，興趣一來，一晚上搞了七八千字，明天一找藉口，這事兒再沒有提起，就像從沒有過這念頭一樣。今天我說要看完一本書，興致一來，一天看個七八萬字，明天這事兒那事兒，從此，那本書永遠停留在那次的隨手一翻之處。很多同學和我一樣，總是不斷在開始，但三分鐘熱度一過，開始的任務便被扔在一邊，再也不想去理會。

任何偉大的理想，都需要實際的細節執行才能完成。我們之所以不斷開始，卻又不斷不了了之，是因為進行這一件事時，沒有系統地規劃過自己的步驟，也沒有執行下去的動力。執行下去，得不到鼓勵，會面對被批評，被挑剔……患得患失，是我們懶惰和拖拉的孿生兄弟。

我喜歡尋找狀態，因為如果能夠進入某種狀態，我的效率會非常高。但我沒有想過，那只是一時興起，固然能進行一些任務，但要真正完成任務，需要得更多的是系統地學習與堅持，這需要我對自己更嚴格，需要我改變原有的隨意性。

當一個人需要改變時，必須跳出那個自己覺得待著非常舒適的心靈區域，接受新的變化，才能達成某種程度上的飛躍。

其實，不去開始，就不會完成。但是，因為我習慣了濫用恐懼，習慣了心靈中的某個舒適區，所以總是能躲就躲。面對領導的任務查詢時，我往往會用一些似是而非的或不確定的句子敷衍他們。比如問我什麼時候能把一本書的封面定了，我總是說：「大約這週吧！」問我何時交稿時，我總是說：「爭取下週吧。」當要求我提交一份資料時，我又總是會說：「今天晚上或明天早上吧！」其實，這樣的回答對於他們來說基本沒有回答。

拖延和似是而非的應答往往會暴露出如下弱點：

你沒有認真考慮這件事，或者一直在拖延；你沒有責任心，認為這些並不重要；你在敷衍別人；你不敢說真話；你毫無誠信可言。

其實，我們不會因為躲在自己的世界裡就能被大家認同，只會因為敢付出敢擔當而被大家認同。同樣，問題也不會因為我們拖著就自然而然地解決了，每一個問題都有自己的解決契機，過了時間不解決，就只能選擇承受最壞的結果。行動是治癒恐懼的良藥，而猶豫、拖延則會不斷增加我們的恐懼。因為人生最大的遺憾，不是做了什麼讓自己後悔的事，而是因為害怕後悔而不敢盡情地活一遭。

當我們感覺壓力很大的時候，其實我們最應該做的是：去開始，去執行，去把未完成的變成已經正在實現的。把讓自己害怕的事，真正做起來，也許你會發現，其實沒有想像中那麼難。

別在最能吃苦時選擇安逸

或許，我們對賺錢有著偏執的熱愛，因為，那是我們安全感的來源。還有，比起投資，比起學習，人們更喜歡賺錢。是人們太短視，還是太缺少安全感？

我們的本能，有時很聰明，但有時又太笨。什麼時候應該選擇見好就收，以免雞飛蛋打；什麼時候選擇背水一戰，求得鹹魚翻身，本能處理得並不聰明。

倘若要一個人選擇眼前確定能到手的三十萬美元和兩年後才能得到的一百萬美元，大多數人一定會選擇馬上可以得到的三十萬。

那麼，讓我們對比一下這兩種選擇的後果。假設有兩個人，一個叫小任，一個叫小安，他們同年從同一個科系畢業，進入同一家企業工作，兩年後的月收入都到達了一個不錯的水準。小安想結婚，覺得沒房子不行，所以趁著房價下跌趕緊買了房子，他追求的就是馬上可以得到的三十萬；而小任決定拿錢投資自己，他追求的是需要等待一段時間才能拿到的一百萬。

買了房的小安每個月只有幾百元的結餘，所以不得不小心翼翼地避免所有的大額消費。他心裡總是想，反正有房子了，熬一熬就能過去的！

小任則開始把更多的錢花在自己身上，他覺得趁年輕投資自己才是最重要的。他看上了幾個認證和能力培訓班，也找經理要了一個職業成長的書單，購買自己需要的書。同時他還拿出一部分錢做活動基金，因為他知道，結識人脈往往和課程一樣重要。小任的投資很快收到了成效。他的簡歷上每年都會穩定地增加一個認證，他的能力每年都會上一個臺階，越來越多的機會降臨到他的頭上……而小安呢，由於囊中羞澀，就算想學習，也沒有能力投入。而且精力也不足，因為房子買在郊區，離公司太遠，每天回到家，就已經晚上九點多鐘，稍事活動就該睡覺了。

幾年以後，小安還待在原來公司裡，終日擔心失業，小任卻已經成為獵頭眼中的紅人。

具體到每個人每件事，很難說哪一種選擇就是絕對正確的，也許小任投資了一個慢熱的行業，小安買的房子忽然遇上經濟發熱，價值翻了幾番。只是有時，安穩恰恰是人生最大的監獄。而在顯而易見的短期利益面前，能夠忍住不拿的人，心中的溝塹足以讓自己走得更遠。

如果進擊之後只是回歸到原點，那叫勞而無功。如果進擊之後，連已有的也失去了，那叫失敗。投資的結果，往往只有三分之一的勝算，所以，只要還有一點保障，我們的奮進動力就會削弱很多。

倘若已經沒有退路，那麼，搏一把，至少還有百分之五十的勝算機率，即使沒能成功，也不過是回到原點而已，所以，怎麼都不會輸得特別慘。所以，拚命總發生在不拚，一定會死，拚了，不一定死的時候。

只有在穩賺，並且失敗的代價也不大的時候，我們才會選擇進擊，而這恰恰是絕大多數平庸之人活得平庸的根本原因。

人生最大的失敗，就是在年輕時追求安穩。有些事情，如果現在不做，以後都不會再做。如果一個年輕人，並非因為工作需要而成天聊Line，刷臉書，逛淘寶，玩網遊，幹著八十歲老人家都能幹的事情，又哪裡有資格埋怨青春的痛苦和迷茫？

一個人痛苦，無非因為其才不足以濟其志，本事配不上欲望；一個人迷茫，無非因為不知道怎麼做，才能更好地適應生活。在最能吃苦的時候選擇了安逸，便是對韶華的最大辜負。

在這個世界上，連優秀的人都在拚命，所以啊，想成為別人無法企及的自己，就得付出別人無法企及的努力。

折騰是最好的成功哲學

阿根廷，別為我哭泣，我從沒想過離開你。
即便在我狂野任性的日子裡，我也不曾離開你。

麥姐的〈阿根廷，請別為我哭泣〉裡，這段歌詞令我印象深刻。阿根廷前第一夫人伊娃．貝隆，她更喜歡人家直呼自己的名字艾薇塔──這個名字已經成了阿根廷人心中永遠的銘記。艾薇塔從一個窮裁縫的不被承認的私生女到十五歲的舞女，從豔名四射的電影明星到總統夫人，直到阿根廷的聖女，這其中的變化不啻天壤之別。她活著的時候，被正經人側目，被政客攻擊；被父親嫌棄，被情人拋棄；曾輾轉於權勢之間，也曾痛下狠手，因此還被腐敗官員痛恨。她死的時候，數千里外的人都趕來送葬，上百萬人湧上街頭只為見她最後一面，很多人在悲哀的人潮中被擠扁，以至於政府不得不出動軍隊維持秩序。

為什麼會這樣？

艾薇塔只是用她的折騰精神，成功地從社會最底層爬到了最高層，沒有好的家世，沒有高的學歷，沒有非凡的美貌，丟在人堆裡，她只是個略感小清新的姑娘。但她卻靠著自己的折騰勁兒，從有意識地走出小鎮到首都謀生，從墊著胸去拍電影，到認識政治明星貝隆，把他追到手裡，兩人攜手把阿根廷搞了個天翻地覆，為女性爭取了投票權，爭取了大多數窮人的支持，贏得了一國的民心，活出了一番難有人企及的風景……這讓我們這些抱怨出身一般，爸爸不是李剛，學習不好，只有本科學歷的人情何以堪？而她唯一能依靠的就是折騰勁兒罷了，只是那份不斷根據社會需要，提升自己的折騰勁兒罷了。

我妹妹和艾薇塔同樣是雙子座，她也特別愛折騰。初中畢業後，從貧苦的家中跑到沿海電子廠做流水線工人，不斷受傷，不斷學習，不斷努力，成為美容師，成為導師，再成為講師。後來還開了一家美容院，雖然沒有驚天動地的成功，但現在，已經成為某家即將上市公司的高階主管。要是沒有折騰精神，她可能只是打幾年工，回家隨便嫁個人相夫教子罷了，哪兒有今日生活的精采？

我們總是習慣了看別人閃閃發光的地方，卻不知道別人這一路走來，到底是付出了什麼，才換取了一個很多人都想要的人生。

為什麼有的人畢業了幾年，年薪也沒趕得上平均線，而有的人剛畢業就進了五百強，之後風光無限，一路扶搖？除去背景關係，其實每個人的智商都差不多，能力都有提高的空間。據我觀察，一個有折騰勁兒的年輕人，一個能把事情折騰起來的人，往往比按部就班完成工作，本本分分不越雷池一步的人，有更多發展的可能性。

你現在的生活，決定了你將來會成為什麼樣的人。如果沒有奮不顧身的努力，就永遠也到達不了魂牽夢繞的聖地。周圍的人才太多，機會太少，情懷太稀缺，你若再不努力折騰點東西出來，折騰點成績出來，大家很難認可你，更得不到你想要的生活。

折騰是一種有效的成功哲學，但很多時候，我們卻只想折騰別人來滿足自己。我想說，折騰自己是逼迫自己進步，折騰別人，則容易變成一種心理變態。要折騰，就折騰自己吧，人只有折騰自己才不會引起大家的憤怒，才能讓你的折騰得以繼續折騰下去。

我們無力去折騰，是因為我們不敢去行動，不敢擔當和妄想。敢想，才能做，能做，總會得到，哪怕得到的是教訓，也能在折騰的過程中吸取教訓、提升自己。折騰，才是成功的王道。

貧窮不可怕，貧窮的心態才可怕

馬丁．路德．金恩當年發表的演說《我有一個夢想》，不知震撼了多少人的心。富人是人，窮人也是人，富人有的一切欲望，窮人同樣也有。食、色的本性，有情眾生都一樣啊。

窮人也想鶯飛燕舞，時不時上上KTV，有空也想泡泡腳，做個SPA。

可惜啊，有的人的性格注定了要挨一輩子窮，有的人窮了一陣子後娶了個湊合的老婆，也算能過一輩子傳統意義上的生活了，還有的人窮了一陣子後，終於出人頭地，滿足了自己荒唐的欲望。沒錯，雖然不能說窮人的前途沒有光明，但窮人的道路肯定會更加曲折。

有一個窮人的老婆撿回來一個雞蛋，窮人見了，眉飛色舞地規劃說，可以用這個雞蛋孵出一隻雞，雞再生蛋，蛋再生雞；再用一群雞去換一隻羊，大羊生小羊；羊再換牛，大牛生小牛；賣了牛可以買田蓋房，再娶一個小老婆……老婆勃然大怒，操起雞蛋往地下一摔，窮人的美夢頓時稀爛。

有人說，這個窮人很無聊，沒賺到錢，先想著滿足自己的欲望；有的說，當個窮人很痛苦，沒什麼翻身的資本。很多時候，人生在痛苦和無聊之間搖擺，需求沒滿足時是痛苦，需求滿足時是無聊，而當個窮人，就是痛苦加無聊。貧窮並不可怕，可怕的是擺脫不了貧窮的思維，還沒賺錢，先想花錢。

到了現在這個時代，窮人、富人的概念已經不是「朱門酒肉臭，路有凍死骨」的區別了。很多時候，你根本不能從外表上判斷出誰是窮人誰是富人，比爾．蓋茨常常穿便裝，城市裡的打工仔倒是天天西裝革履。所不同的是富人和窮人的思維，窮人喜歡用自己的缺點去比別人的優點：「我長得沒有別人漂亮」「我沒有一個好爸爸」「我學歷不高」……這是一種傷不起的心理，他們承認自己的弱點，只是為了給貧窮找一個開脫的理由。富人則不一樣，他們不怕承認弱點，金錢或賺錢的能力足以使他的弱點成為與眾不同的個性，因為他不需要粉飾自己的弱點，因為他傷得起。

但窮人真的就沒有前途了嗎？不，真正優秀的人，都有一段沉默時光。在一定程度上，出身貧窮是一種重要的資源，是一種可遇而不可求的機會，是老天賜予的鍛鍊自己本事、增長能力的機會，因為它能系統地教你如何把壞事變成好事，如何把問題變成機會。再也沒有比通過自身的努力奮鬥而改變人生軌跡更偉大的成功了，否則，那麼多的官富軍二代沒沒無聞，反而是當莊稼漢的舜，建築工人傅說，賣魚小販膠鬲，破落子弟管仲，漁夫孫叔敖，做奴隸的百里奚成為一時俊傑、名留史冊呢？

富二代或富N代會發現，管理好繼承的財產比自己去掙還難。而且這一類人，只要不是大肆揮霍，一輩子不用工作都能過得很好。如果他們不去尋求精神上的昇華，而是尋求精神上的墮落來打發得意之後的無聊時光，那麼他們永遠不會擁有高度的心靈覺悟，就只能做一名精神貧窮的貴公子。

貧窮和挫折是最好的老師。它不但教會你生活，教會你認識真正的社會，還教會你如何成功，而最主要的，窮出身給你提供了最好的向生活學習的機會，只有經歷過的人才懂得心智成熟所能帶來的莫大收益。

出身豪門，消費的是別人的智慧和價值，而出身寒門，每一種成就都是自身的價值體現。貧窮不可怕，沒有希望和理想才最可怕。年輕時貧窮，只是一陣子，只要我們不為自己的貧窮找藉口，擺脫窮人的思維，一切依靠自己；只要我們在努力奮鬥中不斷總結和發現，那麼，遲早有一天，世界不光有屬於你的天地，還有一份屬於你，一個歷經了千錘百鍊的人的從容、淡定和優雅。

長得漂亮，不如活得漂亮

長得漂亮是優勢，活得漂亮是本事。
即使上天沒有賜你一張漂亮的臉，
但你仍可以給自己掙一顆智慧的心。

改變或離開，都要趁早

她和大學同學結了婚，丈夫找工作不順利，索性考了研究生，所以她供他讀書，操持家庭的一切開銷及家務。丈夫在上海找到了如意的工作。經過努力，她也成了公司的中層主管。但丈夫的收入更高，工作也更穩定，所以她遷去了上海，後來，索性辭職回家當了全職太太。

七年後，丈夫春風得意，還有了紅顏知己，慢慢夜不歸宿，她忍了。只要有個正妻之名，只要享受一份安穩，她可以睜隻眼閉隻眼。但她沒想到的是，丈夫竟然要離婚。這下，她崩潰了。她供他讀書，為了他辭了工作，「犧牲」了青春，甚至忍辱妥協，容納了他的移情別戀，但他連一份委屈的現世安穩都不肯給。

不料男人卻說：「我拿刀逼妳供我讀書了嗎？我拿槍要脅妳到上海了嗎？」她萬般糾纏，也沒能敵過郎心如鐵。不難想像，她會經歷一場怎樣生不如死的絕望。於是，所有的不甘，都變成了她對過往有眼無珠的悔恨。

女人，很傻很天真，以為自己相信的，就一定不會改變。妳以為妳相信了，世界就必須成為妳相信的那個樣子嗎？傻孩子，想想羊是怎麼被狼吃掉的！妳說自己很傻很天真，其實是妳很懶很自私。只想靠著一份長期契約，理所當然地占用某份有相當誘惑力的資本，一直增值，永久有效。一個男人一生的努力和奮鬥成果，不僅從情感上屬於妳，還從法律上屬於妳，妳要的，就是這樣穩穩的幸福。從此以後，歲月的風吹雨打，都有他抵擋，妳以為，這是簡單的滿足，妳要的不多，他也給得起。妳沒有想到，他卻不願意以生命做長度陪妳，因為他早受夠了一個人的顛沛流離，不想再繼續這看似有人陪，但卻一直只有一個人走的旅途。

或許妳知道問題的根本所在。妳想過改變，但是就是做不到。或者他讓妳學習，妳藉口說太難；他讓妳努力，妳說妳只喜歡安穩的生活。一個家，有男人打拚就夠了。掙得多，多花點；掙得少，少用點，不就可以了嗎？何況他一個人打拚，依然能讓妳過上物質豐富的生活。妳工作掙那點錢，還不夠來回開車折騰的。

直到他終於狠下心來，妳才後悔自己在應該努力的時光裡選擇了安逸。妳說妳會改，但是他已經不相信。妳說妳會努力，但是，他已經選擇性失明，無論妳如何地委屈自己，都換不回來他的回心轉意。

男人，夠狠夠絕情，享受完一個女人所能提供的一切福利後，瀟灑地來一句，我並不曾逼妳，然後揮手拜拜。你以為你不曾逼迫，就拒絕承認自己確實享受過嗎？伊人付出，定有所求，你一定知道。只是，你不想履行契約責任，卻又想享受福利，所以，其實你早就計畫好了，待你飛黃騰達時，你就換人。或許，從一開始，你就打定了這個主意。

你是個徹底的騙子，為了自己過得爽，不惜用一個女人的一生來墊底。一旦小人得志，便視過往為枷鎖。你會說，那是她不進步，不成長。拜託，她進不進步成不成長，不需要等到七年之後再說。再漂亮的藉口，都掩蓋不了你自私自利的事實。你覺得，耽誤別人是不要緊的是吧？對於你這種人來說，就是寧負天下人，絕不讓天下人負我。

你也許曾經為維護關係努力過，也許你覺得你總是心軟才沒有離去。但若你離開太晚，最後會發現，其實你已無能為力。

無論是誰，不要把自己逼到絕境時，才後悔自己不曾早些改變，不要在別人中毒太深時，才想著要抽身離開。如果想要挽留些什麼，那麼，改變要趁早；如果真的已經覺得誰已經無可救藥，或你並不想一直與誰走下去，那麼，離開要趁早。畢竟彼此曾經一起過，即使真的不愛，也當念念那一生中，不多不少的恩怨糾纏的緣分。

發牌的是上帝，出牌的是自己

理查．道金斯《自私的基因》一書中的觀點認為，在受孕時，做父親的對子代的投資，比他應支付的資源份額的百分之五十少得多。由於每個精子都非常微小，一個雄性個體每天能夠製造千百萬個。這意味著他具有潛力在很短的時間內，利用不同的雌性個體使一大批幼兒出生。每一雌性個體能夠生育的幼兒數量是有限的，一個雄性個體所產生的精子足以滿足一百個雌性個體的需要，但雌性卻需要投入漫長的孕育期。

拿人來說，床第之歡不過那一時半會兒，女性卻不得不經過十月懷胎和少則一月多則三年的哺乳期，才算完成最基本的生育投資。交配和生殖過程中，女性付出的代價總是遠遠大於男性付出的代價，哺育後代的代價極其昂貴，女性必須投入大量的時間和精力去照顧孩子，需要尋求到較為穩定的生存伴侶協助並且照顧自己，因此在擇偶時，女性會傾向於能專一地照顧自己並且擁有生存資源較多的異性。

男性的感情，具有一般雄性哺乳動物的生育投資特點：低價值易損耗。而女性的感情也具有一般雌性哺乳動物的生育投資特點：時間長並且增值空間大。兩性情感的需要迥然不同，才產生了那麼多的「癡情女子負心漢」。

雖然魚玄機不懂得什麼是「基因機器」，但聰明的她覺察到了這種先天的不平等，用詩的語言悲嘆：易求無價寶，難得有情郎！

魚玄機原是唐代長安平康裡有名的「神童」，小時得到過大詩人溫庭筠的欣賞與指點。在溫庭筠的社交圈子裡，魚玄機結識了出身江陵名門的狀元李億，雖然明知道他家裡有了元配夫人裴氏，她還是義無反顧地「愛」上了李狀元。當然，她不知道，自己那份愛，只是一個市井少女的樸實情懷，暗藏著尋常女生一步登天的夢想。

李億的夫人裴氏用籐條殘忍地證明了李、魚二人那段事實婚姻的不合法性，她狠狠地將魚玄機抽得遍體鱗傷。那個男人，還不敢坦白說，別離就是永棄，而是給了一個還會相見的謊言，把滿懷期待的小魚姑娘送到道觀中。三年之後，她才從道觀的香客中得知，她日夜盼望的李郎，早已攜妻出京，遠赴揚州上任去了。

棄婦怨之於負心郎，與哀臣貶謫怨之於廟堂主一般，時時縈心，念念不忘。

當她發現被命運欺騙的時候，由愛生怨，由怨生惱，儘管在詩歌的世界中，她是個天才少女，她的詩早就譽滿京華，但在那個女性不能進入社會工作、不能報考國家公務員的年代，她回敬不幸命運的武器竟然是放縱欲望。她在道觀外貼出「魚玄機詩文候教」，引來香客文人與自己品茶談詩，相貌英俊者則被她留宿觀中。一個女人，最大的不幸，不是失去了某個男人的珍惜，而是在失去某個男人的珍惜之後，開始糟蹋自己。最終，侍女綠翹與魚玄機的男人陳韙有了瓜葛，一怒之下她誤殺了綠翹，因此被處以極刑。

女人的報復往往是治標不治本的，見到野花野草，就恨不得連根拔起，就算明明知道，傷害自己的，是男人的不安分。真正讓我們容易受傷的，是一顆渴望別人救贖的心。

誰都不是誰的救贖，相悅時，兩相歡，相看兩不厭。不相悅時，連呼吸都會招來反感。那人的離不離開，和喜不喜歡有關，和世俗壓力無關。倘使那人到底決然離去，我們唯一可以做的是，放棄那顆渴望在愛情裡得到救贖的心。

既然人性受制於基因，所以再傾心的相託，都有可能被辜負，面對感情，與其用自己的全部去進行一次勝算只有百分之五十的賭注，不如一開始就不入局。女人要的不過是一個男人給自己的依靠感，但我們卻不知道，只有自己最靠得住。

做靠得住的自己，比尋找一個靠得住的男人，要容易得多。沒有誰值得我們傾盡所有去託付，當我們不再抱有過多的期望時，便不會輕易再遭遇傷心和失望。失望是人生常態，無論有沒有人愛護和拯救，我們始終都要學會一個人堅強。

有的人則選擇以牙還牙，以眼還眼，即使自己受到過傷害，但依然擁有追求幸福的心態。一份幸福，因為施害者的存在，才變得更加珍貴，這是對施害者最好的報復。我們感謝傷害，傷害讓我們看清；我們感謝絕望，絕望讓我們堅強。

花時間換錢，還是花錢換時間

平常人在面臨絕境時，很容易一蹶不振。面對重大挫折時，我們容易在痛苦裡沉淪，常常把時間浪費在對命運不公和社會不平的抱怨上，我們喜歡在痛苦裡反覆尋找和確認自我價值，只要這種自我價值沒有被確認，我們就會一直沉浸在痛苦中，於是有了種種不甘心。

其實人的一生會遇上許多看似莫名其妙卻又無法避免的事，這是生命真相。我們唯一能做的就是接受、適應或改變，沉浸在痛苦裡是很奢侈的浪費。

揮霍時間則是最奢侈的揮霍，因為被揮霍的時間不可能回來。過分沉迷在自己的痛苦裡，並不會幫我們解決實際問題，與其怨天尤人，還不如努力去行動，解決每一個你必須要解決的問題。如果路上有絆腳石，那麼，踢開它，或把它踩在腳下；如果路上有兇禽猛獸，那麼，準備好刀槍吧！

要知道，人活的，不過是一個從出生到死亡的過程，我們真正擁有的只有體驗，是什麼讓我們能擁有各種體驗的？時間。

從出生那刻起，我們便擁有了世間唯一的資本：時間。

有時間，我們才能從一個小小的受精卵發育成胎兒，從一個小小的嬰兒長大成人；有時間，我們才能用錢去享受生命的存在感，用時間去換得延續生命的物質。而死亡的那一刻，我們所失去的，恰恰也是時間。有時間才有了一切，我們每一個人現在擁有的、曾經擁有的和未來將有限擁有的，都仰時間的鼻息，任何體驗，若無時間的參與都不會存在。

時間是世界萬物的真正創造者，也是世界萬物的偉大毀滅者。如果有人掌握了隨意改變時間的魔法，他便有了上帝的權力。沒有時間，人類將無法繁衍壯大形成種族，時間引起一切信仰的誕生、成長和死亡。我們因為時間而獲得力量，同時也因為時間而失去力量。

每一個人的時間都具有不可重複性和不可再生性，而我們怎麼用時間，決定了我們生命有多少意義。

有四個二十歲的年輕人去一家特殊的銀行貸款，銀行答應借給他們每人一大筆錢，條件是必須在五十年內連本帶利還清這筆錢。第一個年輕人想，要及時享受人生，先玩二十五年吧，玩夠了再去償還也不晚。結果他一事無成，死時還負債累累。第二個年輕人性子很急，他馬上拚命工作，五十歲時就還清了所有的欠款，但他積勞成疾，不久就死去了。第三個年輕人把該還的錢按照時間段分好，按部就班去償還，正好在七十歲上還清了債務。

而第四個年輕人工作了四十年，六十歲時還完了所有的債務，生命的最後十年，他成了一個旅行家，他去過地球上的大多數國家，見識到很多奇異的風俗，領略過無數美麗的風光。七十歲死去的時候，他面帶微笑，十分滿意自己的人生。當年貸款給他們的那家銀行叫「生命銀行」。我想問，你是這個故事裡的哪一位呢？

一個時間屬於別人的人是窮人，一個時間屬於自己的人是富人。我們往往會用物質財富購得一些時間，也會用出售一些時間去獲得物質財富。

我們害怕時間的流逝，卻不知道活著本身就是可喜的事情。在每天都在進行的「花時間換錢和花錢換時間」的遊戲中，我們應當明白，努力實現花儘量少的時間獲取儘量多的金錢，才會讓時間花得更有價值。沉淪於痛苦和憂傷，只會浪費掉我們解決問題和賺取金錢的時間。我們也必須把掙錢的目的弄明白，掙錢只是為了讓我們贏得時間，讓自己有時間做除了掙錢以外的事。

既然失去，就當從來不曾擁有過

任何一個人，只要願意接受不完美的自己，願意從更低的起點重新開始，更努力地活著，同樣可以取得了不起的成就。成功和自己完不完美，沒有什麼關係。

紐約曾經有個盲人州長，叫大衛·帕特森，他是哥倫比亞大學的高材生，三十一歲就當選紐約州參議員，並成為紐約州首位黑人州長。很難有人相信，一個盲人也可以活得這樣精采。

帕特森是個不幸的孩子，僅三個月大時耳部感染擴展到視覺神經，導致兩眼幾乎完全失明，只有右眼有微弱的視力——他的人生記憶是從黑暗開始的。父親心疼之餘，下定決心好好培養他，孩子眼睛已經盲了，絕不能讓他心盲。於是，他把自己的孩子當作正常孩子來對待。

轉眼到了上學的年齡，父親決定讓帕特森像正常的孩子一樣去學校上學，而不是去殘障孩子專門學校，因為只有這樣，才能培養出正常的心智。但是，紐約市幾乎所有的學校都拒絕了帕特森，只有一所學校在父親堅持不懈的努力之下，才勉強地答應了接收帕特森。

對帕特森來說，上學是一個極大的挑戰。儘管，此前他接受了父親的訓練，只要在家裡，便和常人無異；可是學校的環境很陌生，他一開始確實很難適應。但帕特森深知自己能上學有多難，即使他從心底感到畏懼，也只會一個人將頭深深地埋進被窩裡哭泣。父親看著他紅腫的眼睛，自然心疼無比，但他還是嚴厲地說：「你必須學會堅強，這才是男子漢，才會讓人瞧得起！」

帕特森視力極其微弱，斗大的字都需要仔細分辨。所以，於他來說，聽老師講課是唯一的學習方法，在老師停頓和課間休息時，他就反覆地揣摩老師所講的內容。慢慢地，他的記憶力變得好得出奇。

帕特森越來越適應學習環境了，課堂上，他是最積極的一員。學校的一些演講比賽和話劇演出，他也會踴躍參加。帕特森從不使用導盲犬和拐杖，也不像盲人那樣戴個墨鏡掩蓋自己的缺陷，外表看起來只是個近視眼而已。他不僅可以近距離辨認人的相貌，而且通過聽聲音就能很快辨別出對方。

一次體育課後，他昏倒在地，嚇壞了同學。這一切驚醒了他——不能只關注學習了，身體同樣很重要！為此，他每天早早地起床鍛鍊身體，不僅加入了學校的籃球隊，還去跑馬拉松。漸漸地，他練出了結實的肌肉，終於成為一個身手矯健的青年。

以帕特森這樣一個盲人，卻能活得比大多數人都優秀，這是多麼令我等正常人汗顏啊！

雖然殘疾人活得會更艱苦，但還是會有史鐵生、霍金、潘光旦、海倫．凱勒這樣了不起的人物。他們接受了自己的缺點，才活出了精采的人生。若是一個人成年後引發了殘疾，他的人生幾乎就被毀了。不難預見，在接下來的人生裡，他會用多少時間來埋怨自己的不幸，又會用多少時間來歸罪於人，再花多少時間來可憐自己的後半生。他不接受自己已經失去某些功能的現實，不願意從更低的起點重新活出來。

有一種痛苦，不是你從未擁有，而是你曾經得到過。你享受過擁有時的幸福、榮耀或便捷，你享受時以為那本就是生而屬於你的東西。

失去的痛苦，比希望破滅還要大得多。希望落空帶來的痛苦，或許是計畫的落空，或許是信任的背叛，但這種痛苦，就像是一個在沙漠裡的飢渴者，被告訴他看到的綠洲只是海市蜃樓，他仍然要面對沒完沒了的飢渴那樣，雖然絕望，但已經有所習慣。而失去的痛苦，是一種自身割裂，彷彿一個四肢健全的人，突然失去了一條手臂那樣。所以，人對失去的執著，比未得到還要強烈得多。

但是，人的一生，本來就是一個不斷面對未得到和已失去的過程。沒有一個人的人生是毫無波折的，有一些傷害，發生了就是發生了，再怎麼執著不甘，也不能治癒已經造成的創傷。只有積極面對傷害，接受必須接受的現實，才能在某種程度上，放自己一條生路，或給人生另一種可能。

接受，才能改變。

執著於某種失去或某個缺憾，那麼，任何與之相關的事，都會成為痛苦的導火線——例如一個人因意外而雙目失明，他就會終日怨恨，不是責備自己，就是責備別人。其實，如果能像從來不曾擁有過那樣去接受，那麼，任何傷害，都不可能打倒我們。像本來就沒有那樣去努力適應，人生反而能走進另一種光明。

所以，如果突然失去了什麼，那麼，就當從來不曾擁有過。

相信我，一切絆腳石，都是因為你把它視為絆腳石，它才成為絆腳石的；如果你把它視為墊腳石，那麼，你完全可以抬起腳來，把絆腳石踩在腳下，讓它成為你的墊腳石。

知道很多大道理，為何過不好人生？

我不是騙子，但有個看起來像成功學大師的樣子，所以常常有人向我求助各種問題，我告訴他們怎麼做後，他們往往會告訴我一句：「其實，妳說的這些，我都懂。」一到這時，我只能一笑置之。大道至簡，沒有哪條道理在文字上是難懂的，但是認識字面意義和領悟實際內涵是兩回事，甚至有些道理你完全是擰著做的。

比如，我們常聽到一句名言：「己所不欲，勿施於人。」主流解釋是：「你不想要的東西，不要強加給別人。」但是，又有幾個人專門思考過這句簡單的話究竟都提到了哪些要求？己所不欲的對象有哪些？如果我們沒有一定的思考，學到這句話也只是增加了一句可以引用的口頭禪罷了。所以大詩人陸游才愴然慨嘆：「紙上得來終覺淺，絕知此事要躬行。」

還記得「按圖索驥」嗎？據說，有個秦國人叫孫陽，他一眼就能認出好馬和壞馬，據說天上掌管馬的神叫伯樂——不知是否也做過弼馬溫——所以人們也把他叫伯樂。他把自己的認馬術寫成了一本《伯樂相馬經》，他的兒子把《伯樂相馬經》背得滾瓜爛熟後，便以為自己也有了相馬的本領。

一天，伯樂的兒子在路邊看見了一隻癩蛤蟆。他想起《伯樂相馬經》上說額頭隆起、眼睛明亮、有四個大蹄子的馬就是好馬，拿著跟癩蛤蟆一對照，發現這傢伙的額頭隆起來，眼睛又大又亮，腳蹼很大，正是一匹千里馬之相，於是，他非常高興地把癩蛤蟆抓回了家，對伯樂說：「快看，我找到了一匹好馬！」伯樂哭笑不得，說：「你抓的馬太愛跳了，不好騎啊！」紙上得來的東西，只有一些片面的規律總結。它們可能是真理，但這些真理可能具有普遍性，並不具獨立特性，以孤立於環境的真理直接判斷真理，只會誤解真理。

比如說「己所不欲，勿施於人」，人們通過一點生活經歷的聯想，馬上承認這個道理的正確性，馬上覺得自己「懂得」了這條道理。他們把承認正確性當成了「懂得」本身，根本不知道「己所不欲，勿施於人」這條道理實質上包括的一切：你不想聽到的話，不要對別人說；你不想做的事，不要強迫別人做；你不喜歡的東西，不要強迫別人接受；你不想接受某種態度，就不要用這種態度對待別人……這幾乎包含了我們為人處世的方方面面，豈是一句「這些道理我都懂」能真正證明的？

所以佛家有一句話說，人生有三重境界：一、看山是山，看水是水；二、看山不是山，看水不是水；三、看山還是山，看水還是水。很多人對大道理的懂，僅僅處於第一重境界，只看到事物的表面，就以為自己知道了。而那些慨嘆人性無法被看透的人，則處於第二重境界，他們發現，表面之下，還有自己根本沒有想到過的複雜和迷離。而到了第三重境界，發現萬事萬物皆理所當然，到了這個時候，他們才是真正地懂得了那些看似簡單的大道理，其實並非自己最初理解的模樣。

所以即使我們有最完美的理論，都沒有把握說服那些沒有開上賓士的人相信賓士不是他們真正需要的；我們也沒有把握說服那些不是公務員的人放棄對公務員的幻想。所以無論這本書有多想朝實用的方向靠攏，也不能真的馬上就讓你相信裡面的每一個道理。就像我們無法讓人相信，他從來沒有擁有過什麼，和他一直擁有什麼的幸福感，沒有什麼根本差別。

知道那麼多大道理，依舊過不好這人生的人，實在太多。知道了不是真的懂得，更不等於能做到，只有經歷過，我們才知道自己究竟明白了多少。所以，道理不如經歷，很多時候，我們只要記得一件事：生活就是各種體驗，去做就好。

去愛吧，像從未受過傷一樣投入，無數次傷得體無完膚，終會百毒不侵。去瘋吧，像初生的小牛一樣無所畏懼，像看破一切一樣，懂得自己的癡心妄想。

別那麼悲憤，這個世界不欠你的

別那麼悲憤，這個世界真的不欠任何人。
每個看起來更優秀的人的背後，
都有不為人知的比你更慘澹的付出。

哭著哭著就長大了

我的部門曾經有一個小夥子，吩咐他做什麼事都會爽快答應，就是特別慢，有點心不在焉，他沒多久便離職了。一天，他突然找我聊天。

原來他以前拿到薪水就賭博，渴望一夜暴富。如今已經生活不下去了，到處找人借錢。他想以後有機會找個工作好好地幹，但現在要先謀生，再求發展。我看得出來他找我的意思，其實我是有聖母心態的，我差一點一衝動就說「我先借你一千吧」，但想想後又忍了。因為我不知道借錢給他，是幫了他還是害了他。如果因為我能借給他錢，他就不斷借下去，那麼他會永遠賭下去，永遠都不會改變自己這種危險的狀態。

人的心理有一種疼痛反應機制，如果我們的痛總是溫水煮青蛙，不到某個臨界點，就不會激發這套疼痛反應機制。

大家都生過病，都知道，最難好的往往是感冒，倒是一些直接的傷康復起來特別快。因為感冒很難刺激我們的疼痛反應機制，因此也不能刺激我們的身體自癒機制，所以有的人常常小病十天半月都不好。

心理機制也一樣，只要變故程度是在常態範圍內的，我們的心靈自癒機制就不會被激發。唯一能讓人們產生改變渴求的，是可以顛覆一切的重大事件的刺激。我感覺這個男孩很難馬上有什麼改變，除非，刻骨銘心地痛上幾次。但就怕痛帶來的不是反省，而是加倍的報復；就怕痛死也沒有覺悟。看看那些金盆洗手的老千，有誰不是因為無數次差點丟命，才斷了賭博的癮？

一個人要徹底改變有兩種方法：一是待歲月的苦難終於改變你的認知後，發狠心改變；二是尋找一種自我快速成長的辦法，降低對自己的要求，確定好最清楚的短期目標和未來的大致目標，慢慢修正自己。但不論哪一種方法，靠的都是我們對人生目標的確立和堅持下去的毅力。

對於和這個男孩一樣無法自拔的人，我的建議是重新定位自己，重新學一門技能，不要用「已經欠了很多錢」或「覺得自己不多掙點就活不下去」這個藉口來逃避自己必須從頭開始的現實。我們不可能一下子就把環境改造成自己想要的樣子，我們只能先接受環境，適應環境。如果哪天真的產生了不能承受之痛，那連後悔都沒有機會了。趁一切都還來得及，去努力接受不能改變的，努力提升自己。

改變自己的路上風雨飄搖，誰都是經過千萬次搖擺才長大成人的。我們可以從解決最基本的問題入手，問問自己眼下最需要解決的是什麼問題，怎麼解決，分多少步去解決，要花多長時間。

就算我們知道了怎麼做，還嚴格按步驟做，也依然會面臨各種挫折，但一定要真正去做，才會成功。就像我那只有初中文化的妹妹一樣，在廠裡做得不耐煩了，用各種辦法湊齊了學美容的學費，拿到了美容師證。雖然拿了個證，但找份美容院的工作依然那麼難，她只好先去化妝品公司推銷化妝品。這其中失了多少次業，只有她才清楚；受了多少苦，只有她才清楚；多少次沒飯吃，也只有她才清楚。

她找我哭過很多次，每一次都哭得撕心裂肺。在這個苦難的世界裡，她跌跌撞撞地掙扎著，即使她很努力地打雜，也還總免不了被辭掉的命運。即使如此，她依然堅持著，每一家拋棄她的公司，都教給了她很多東西。慢慢地，她懂得了怎麼做PPT，怎麼講解公司的產品，怎麼幫別人裝修美容店，從助理到講師，從金牌講師到導師，從總監再到美容院老闆，總歸，走出了一條自己的路。

我們都是哭著成長的……但是，哭著哭著就長大了。

你以為你想要的就是你真正想要的嗎？

我見過一個身分是科學家的姑娘，得知她是生物學家時，我崇拜極了，感覺她的人生才是高端大氣上檔次的，結果她卻悶悶不樂地說：「我就成天養蚜蟲，研究蚜蟲，做一些不靠譜的課題，唉……」看來，我們只曉得科學家的高貴光輝，卻不曉得成為科學家這個過程的煩瑣、細碎、重複、枯燥和無聊。

構建偉大理想和夢想的過程，和生活一樣乏味和痛苦，甚至要承擔超越常人無數倍的痛苦，這哪兒是我們在年少時光用稚嫩的聲音脆生生地說句輕巧話「我長大了要當科學家」所能表現出來的？

所以，我們不必非得有什麼當改造自然的科學家、當拯救人類的政治家等偉大理想，只需要做自己喜歡的事就可以。你以為你想要的，並不一定就是你真正想要的，例如，有的人把賺很多錢當作自己的人生目標。他們認為，有了錢就可以避免該死的早起晚歸，像狗一樣奔波；有了錢就可以買到心儀的車、房，追到心愛的姑娘；吃國宴級大餐，睡總統套房；隨便出個國，沒事買個文物。總之，他們覺得有了錢就可以享受在自己看來是很享受的一切，這些人把「幸福」與純粹物質「富有」完全對等了。

其實，金錢、地位、名譽、成功等等這些因素，和幸福感是兩碼事。我們之所以覺得有了錢就會幸福，原因只有一個：我們自己暫時還沒錢。

我自己小時候，由於家裡窮，一年到頭都吃不上三五回肉，那時總覺得，如果某天能過上天天有米飯、炒菜和燉肉的日子，就太幸福了！那時大家都有這樣的理想，一家蔡姓人家索性給孩子起了個名字叫「蔡飯如」（方言發音為「菜飯肉」）。結果現在，我不僅不大愛吃主食，基本對肉沒欲望，一天吃三頓覺得太累，常常把一天的飯並在一頓裡吃，胃口也不大。剛開始滿足了隨便吃肉願望的那半年確實感覺幸福，竟然半年長了四十斤，肥得連親媽都認不出來了。但後來隨著對菜飯肉的不感興趣，我很快又瘦了回來。

我的幸福感覺印證了心理學的研究結果：所謂的幸福感最多維持六個月，不管什麼樣級別的需求滿足，半年之後，幸福感水準和半年前沒被滿足時沒兩樣。比如那些中了彩券巨獎一夜暴富的人，剛開始真的很幸福，但半年之後，常常因為這樣那樣的問題，使得他們的幸福感回到了半年之前的水準，有的人甚至因為欲望得不到滿足，反而開始憎恨自己中獎的事，或嫌中獎金額其實很少。

亞當．斯密說：「一種永恆不變的處境並不比另一種永恆不變的處境更幸福。」一個一生富有的人其實不比一個一生窮困的人的幸福感強多少。你沒有什麼，和你一直都有什麼，實際上的感覺是沒有多大差別的。所以，錢雖是幸福的充分條件，但卻不是幸福的絕對保障。而一顆攀比的心，則是幸福的最大殺手。

一個沒錢、沒學歷、沒長相的男生，漂流到首都，給燒烤店打工。看燒烤店很賺錢，於是努力學習燒烤經驗，後來他便自己賣起了燒烤，雖然被警察趕過，被工商局罰過，但他的辛苦還是得到了足夠豐厚的回報，不僅開了一家餐廳，還買上了車、房。這應該算是很幸福的一件事了吧？他本來也覺得自己有錢了，數百萬身家是他以前不敢想像的，但隨著自己因為有錢後和更有錢的接觸，他心理開始失衡了。

人家可能幾句話，就能掙到他辛苦幾年的錢。一心想勤勞致富的他，發現自己雖然有望成為千萬富翁，可是和更有錢的人相比，自己依然是個「窮人」。即使你中了大獎，隨著你和更多有錢人的接觸，你發現人家一枚戒指就近百萬，別人隨便一輛車的價錢比你中的獎還多，別人一條幾十萬的毛毯只是買給狗蓋的，原來，窮人有錢了，如果價值觀不變，照樣還是「窮人」，他原來活在什麼感覺中，現在依然活在什麼感覺中。

人生最精采的不是實現夢想的瞬間，而是堅持夢想的過程，往往在通往目標的路上，會慢慢發現你真正想要的。就像探險節目主持人貝爾・格里爾斯，他最初的目標只是避免被欺負，所以練習空手道。他嚮往的是進入英國皇家特種空勤團（SAS），所以排除萬難，經過了非人的訓練後，終於如願以償地戴上了渴望多年的貝雷帽與劍徽，成為少數入選SAS的人。但他之前所有的努力，似乎不僅僅是為了讓他成為SAS成員，而是另有使命。他跳傘失事，離開了SAS。進SAS似乎只是對他未來使命所需要的技能的一個強化階段；離開SAS後，他選擇了為慈善探險；後來，成了世界知名的探險節目《荒野求生》的主持人。最後，他成了著名的演說家和暢銷書作家。

懷才就像懷孕，時間久了才能讓人看出來；理想也同樣如此。不知道自己究竟想要什麼，那麼，請只管在通往理想的路上堅持行走，最後，你終能找到自己最喜歡的事情。

一隻眼流淚，一隻眼寬容

子曰：「以德報德，以直報怨。」我對這句話的理解是：對我們好的人，我們也對他好，這是以德報德；對自己不好的人，我們可以不必對他好，也不必對他壞。對我們不好的人，我們卻對他非常好，這是以德報怨。但正常人能做到以德報德、以直報怨就不錯了，所以孔子才質問：以德報怨，何以報德？是啊，只有一碗飯了，一個是對你好的人，一個是對你壞的人，你給誰吃呢？自然是給對自己好的人吃。對自己壞的人，咱當他是陌生人，雖然同情，無力搭理就不必搭理了。

但是，我卻要說，以德報怨太聰明了。以牙還牙、以眼還眼固然可解一時之氣，卻會讓彼此深陷在相互傷害的惡性循環裡。

《眾經撰雜譬喻．卷下》說得真好，「冤冤相報何時了」。冤冤相報不過是你不讓我爽，我也不讓你爽；我讓你死翹翹，你也讓我死翹翹。而以德報怨，無疑是終止相互傷害這一惡性循環的唯一法寶。兩個仇人要成為朋友，必然有一個人要先對人示好，以德報怨。看人的兩隻眼睛，哪怕一隻眼流淚，也還可以有一隻眼寬容。

在做一次公益諮詢活動時，一個四十多歲的中年男士傾訴說，他是學校裡搞招聘的。學校裡有位女老師，總是跟他過不去，經常到主管那兒打他的小報告。他很生氣，所以也四處說這位女老師的壞話，兩人一見面就吵，弄得學校主管非常頭痛。後來，不知是經濟形勢不好還是學校經營不善，反正要裁員。他害怕了，自己在這個學校裡做了那麼久，如果被裁了，上有老下有小，自己別無所長，離開學校的話，不知道該怎麼生活。要知道，前不久剛為買房子借了一大筆債，孩子上高中，老婆沒有工作，失去這份工作，就失去了他們家唯一的經濟來源。所以，他不想失去這份工作。但他覺得自己很有可能被裁，因為和那個女老師吵架，學校對兩個麻煩人物都沒啥好感。

很多人能力不強，人到中年，沒有任何建樹，家庭負擔又重，所以嚴重缺乏安全感——老天爺，當你賜給一個生命的性別是男性時，請給他主動提升自身能力的意識吧！不要讓他在平庸裡老去，然後默默面對生命的重負；當你賜給一個生命的性別是女性時，請賜給她主動提升自身能力的意識和獨立意識吧！不要讓她在抱怨中老去，不要讓她獨自面對生命的真相。

對命運欠缺掌控力的人往往最容易患被迫害妄想症。因為自己的抗風險能力低，所以一點點危險都足以讓他們驚恐萬分。因為擁有的太少，一點點就可能是全部，所以一點點都不能失去，一點點都要萬分周全地保護好。他們警惕地盯著自己手中那僅有的一點點。他只有一個雞蛋，如果摔碎了，被偷了，被騙了，他的全部依靠就沒有了。所以，他們不敢付出，不相信付出就會被認可。他們認為，如果自己的友好被輕視，自身的價值就會嚴重下降，所以也不敢主動而真誠地對人示好。

這位男老師就是這樣的人，當我告訴他說這問題很好解決，請那個女教師吃頓飯，跟她交朋友時，他驚訝極了，看我的眼神彷彿看到外星人一樣：怎麼可能請她吃飯？她傷害他那麼深？原本以為，我這個免費的諮詢師可以提供一點平衡心理情緒的方法和對付那女教師的辦法，沒想到我卻讓他以德報怨。好說歹說半天，他就是怨難平、恨難消，不想主動跟對方示好，不斷追問除了請客吃飯之外的辦法。

我有些被搞毛了，憤憤地說，方法已經告訴你了，信不信由你。他又問：她恨他恨得要死，就算他願意請客，她也一定不同意，要是她拒絕了怎麼辦？

我不再答理，對於一個患有被迫害妄想症的人來說，再多的理由，都敵不過他的不安。其實，如果對沒有什麼實質性利益衝突的對手主動示好，不以一貫的傷害方式去報復對方，對方會感到意外。倘若能確信你的善，並且確信你一定經過無數心理鬥爭才有勇氣放下自尊，主動去對一個冤家好，還會同情你的用心，一般來說，是不忍心拒絕的。再說，就算你被拒絕了，她也會感念你的示好，以後不再和你針鋒相對。最差的後果，也不過是你還和她的關係維持原樣。

十多天後，他突然打電話給我，萬分激動：「妳真是個神人，我照妳說的話去做了，我去找她，說要請她吃飯，並且希望兩人解釋清楚誤會，交個朋友。她很驚訝，然後同意了。我們倆在餐桌上將過往的彼此傷害一一梳理了一遍，那些傷害竟然成了深入交流、了解彼此的最好工具，聊了個不亦樂乎。」我呵呵一笑，這種結果，是完全在預期中的，只是因為我們習慣了等待別人主動示好，所以放棄了自己主動示好以終止相互傷害的可能。

人心都是肉長的，雖然在一時的衝動情緒下，有的人會有意無意地做出一些傷害別人的事來，但是，我們並不需要反擊。因為越反擊，越會助長他們的受傷情緒，最好的辦法就是讓傷害在自己這裡中止。你可以不搭理，等時間久了，對方感覺沒有意思，也就會消停了。如果心胸豁達一點兒，以德報怨，反而會贏得真誠的朋友。

很多時候，主動讓一點，沒有什麼大不了。就算什麼也沒有改變，我們至少也為改變努力過。並且，我深信，一個人的心意是可以被感受到的。雖然我們不可能完全知道對方的心路歷程，但了解個大致還是可以的。

放下無端的猜測吧，我們渴望得到友好，別人也同樣渴望。雖然不是所有的將心比心，都能得到以心換心，但不會所有的人都不理解你，朋友就是把你看透了，還喜歡你的那種人——但誰沒幾個朋友？人生的關鍵點上，有幾個肯將心比心的人就夠了。馬雲能成為馬雲，俞敏洪能成為俞敏洪，便是長期攢人品，攢到了關鍵時那幾個願將心比心的人。主動對人示好，你會得到比你想要的更多。

滿身是刺的人，一定滿身是傷

我之前有個習慣，就是從不記仇，因為有仇的話，一般當場就報了。剛工作的時候，我動不動就與人發生爭執，雖然事後也知道，有些事情大可不必那麼較真，但當時心裡就是有口氣咽不下。但自從遇見一個同樣很刺頭的人後，才突然發現，其實有時候，是我們太過較真，才讓傷害發生。

那天，遇見一個有被迫害妄想症的客戶，他不停地質疑公司的信譽，懷疑我們欺騙他，攻擊這個行業裡的人都是混帳……之前，領導被他弄崩潰了，接手工作的人也被弄崩潰了，現在，我也即將崩潰了，真沒有見過這麼無理取鬧又不可理喻的人。

你要是有疑而問，我必如實作答。但被迫害妄想症患者的最大問題就是，他問了，也得到了解釋，卻並不信，仍會不停地要承諾、保證，還附帶各種威脅……我氣得想哭，我不想，但又不能不繼續回答他那些糾結的問題，應對他那些令人難以忍受的責罵。

由於過於氣憤，我開始說反話，我說：「是啊……都是我們不好……應該和你說對不起……」

年輕的大腦裡詞彙量太小，搜腸刮肚半天，終於想起幾個刻薄又惡毒的詞，我正想把這些詞砸到他腦袋上的時候，他的態度突然來了個大轉彎。他說理解我，事情不是我的錯，然後表示希望和我做朋友。想來，他一定是用一種平和的口氣讀我說的反話。我好不容易想好的反擊的話，硬生生地被憋了回去。

原來，他並不是為了四處找麻煩而找麻煩。他的挑刺，只是他尋求理解的一種方式，只要有人願意理解他，他也會理解別人，願意平和地與人交流。這樣的結果，讓我有一些意外。愣了一陣後，我釋然了，他如此糾結，僅僅是希望得到尊重或被理解的感覺罷了。

早知如此，我可以更早地把這句話說出來！很多時候，我們不要急於去證明自己的正確，退後一步自然寬，我們完全可以先停止傷害、停止抱怨，那麼世界回饋給你的，必將是更多的美好。

真的沒有想到，我和他竟然成了非常好的朋友。在我曾經的一段困窘時光裡，他全心全意地幫助過我。和這個看上去特別刺頭的人的交往讓我發現，其實，沒有誰會真的為了刁難誰而去刁難誰。滿身是刺的人，一定滿身是傷。很多時候，刺頭之所以成為刺頭，是因為他們感覺自己被攻擊、被傷害了。他們自己沒有能力處理這些非理性認知造成的自我傷害，於是加罪於外境。他們也不知道自己不斷發洩的受傷情緒，如抱怨、責罵、發脾氣或尖刻地批判等，都在不斷地傷害著周圍的人，而受傷的人出於自衛的本能，又選擇了反擊，如此形成了一個惡性循環。

冤冤相報，自然沒完沒了。要終止這一惡性循環，就得終止彼此無意識裡的自衛反擊。那些滿身是刺的人，身上也一定滿身是傷。或許，一點點的主動示好，就有可能溫暖他們，誰有能力終止傷害，誰才是最有本事的人。

不必時時反擊，因為反擊會讓反擊持續下去；不必處處防備，越是防備，越是被人防備。不敢交心的人，終會因不付出或不回應，最終沒人和他交朋友。

所以，成為一個點亮別人的人吧！點亮的人越多，你的世界就會越明亮。

那些改變我們一生的道理，都不是別人教會的

兩個窮困的年輕男孩，在城市和鄉間挨家挨戶乞食維生。其中一個男孩出生時就瞎了，另一個男孩協助照顧他，兩人就以這種方式一起出去乞討食物。

有一天瞎眼男孩病了，他的同伴對他說：「你留在這裡休息，我到附近討點東西，帶食物回來給你吃。」然後就出去乞討了。

那天，正好有人給這男孩一樣非常好吃的食物，一種印度式的牛奶布丁。他以前從未嘗過這種布丁，覺得非常可口，但很可惜，他沒有容器可以將布丁帶回去給他的朋友，所以就把布丁吃光了。

他回來後對瞎眼男孩說：「實在很抱歉，今天有人給我一樣很棒的食物叫做牛奶布丁，可惜我沒辦法帶回來給你吃。」

瞎眼男孩問他：「什麼是牛奶布丁呢？」

「喔！它是白色的，牛奶是白色的。」

由於生下來眼睛就瞎了，瞎眼男孩無法了解。「什麼是白色呢？」

「不，我不知道。」

「白色就是和黑色相反的顏色。」

「那什麼是黑色呢？」他也不知道什麼是黑色。

「唉！試著去了解看看呀！白色！」但瞎眼男孩就是無法理解，於是他的朋友四下張望，就看到一隻白色的鶴，他捉住了這隻鶴，把牠帶到瞎眼男孩面前，說道：「白色就像這隻鳥。」

由於眼睛看不見，瞎眼男孩伸出手，用手指去觸摸這隻鶴，說：「現在我知道什麼是白色了，白色是柔軟的。」

「不是，不是，白色和柔軟不柔軟完全無關，白色就是白色！試著了解看看吧！」

「但是你告訴我白色就像這隻鶴，我仔細摸過這隻鶴了，牠是柔軟的，所以牛奶布丁是柔軟的。白色就是柔軟的意思。」

「不，你還是不了解，再試試看吧！」

瞎眼男孩再一次仔細觸摸這隻鶴，他用手從鶴的嘴巴摸到頸子、身體、一直摸到尾巴末端。「喔！我現在知道了，牠是彎曲的！牛奶布丁是彎曲的！」這個故事叫《彎曲的牛奶布丁》。瞎眼男孩不能了解，因為他沒有體驗白色的能力。同樣地，如果你沒有如實體驗真理的能力，真理對你而言就永遠是彎曲不正的。

很多我們貌似都懂的真理，只要我們沒有親自去體驗，或者沒有體驗的能力，我們對真理的理解就是歪曲的。

知道道理是沒有用的，就像炒股光知道技術是沒有用的一樣。誰都知道在股市裡玩得最根本一招就是高拋低吸，但是，誰也不敢說自己就把這招玩轉了。五花八門的理論和技術，都沒有辦法讓人真正地玩好那四個字。那些改變我們一生的道理，都不是別人教會的。

沒有走不通的路，只有想不通的人

想得到好運氣其實很簡單，只需要付出足夠多的努力。
那些走好運的人總是比走霉運的人做得更多。
每天堅持多做一件事，一年下來，
你就比那些不肯努力的人多邁了三百六十五步。

生於行動，死於刷屏

不想玩命，所以被命玩，成天混日子的人，最後會發現，自己其實是被日子混了。草根是怎樣練成的？就是只想不做，被動活著練成的。即使他們常常想要怎麼努力，但從不去努力；常常擔心要怎麼做才會改變生活，但從來不開始做。雖然很多人都知道要成為牛人得從做牛開始，但將這些都停留在理論層面。

有的人在最能吃苦的年紀裡，選擇了安逸。除了吃喝拉撒和做省心的事，不肯進行別的努力。他們規定自己要每天早起五分鐘練英語口語，可到時候不是還想睡會兒，就是用要刷臉書、看電影、打遊戲等藉口推掉，寧願花五小時盯著遊戲螢幕，也不會花五分鐘去學習幾句口語，所以一萬年後，這人的口語能力也還不如小學生。

一個做小學老師的草根，特別愛研究漢字，他竟然把整部《漢語大辭典》都背了下來，是學校著名的活字典。由於學術能力暴強，所以草根被有關單位以極高的待遇請去了，從此擺脫了草根身分。我當時很羨慕，覺得這位草根的運氣實在太好了——我其實認識很多字呢！一般人認識兩千多字，我認識至少六千字，可是就沒人請我去什麼研究部門。

後來又聽到俞敏洪講自己苦哈哈的青春和後來飛黃騰達的人生，我又慨嘆他遇到的時代好，做什麼都能成。再後來，看見羅永浩和他的朋友們辦起了英語學習班，還做起了手機，逆襲成功後，講自己為了堅持背單詞，勵志書論斤買時，我才終於有一點點兒反省了：我常常告訴自己一定要如何努力，可是我常常不堅持，真是應了那句老話——無志之人常立志。想想吧，從小到大，從大到老，我每天立下的志都能堆起一座珠穆朗瑪峰了，可是我的腳步，還沒有到達喜瑪拉雅山的山腳下，不，是根本就沒有出發。

所有的理想，都從妄想開始。所謂的抱怨，不過是不敢付出努力，卻又不甘在平庸裡沉淪。

我常常「反省」，這種「反省」還是「有用」的。我每天至少「反省」十次，比「三省吾身」勤快多了，並且每次都能發現自己的一些問題，每次還都虛心認錯，但就是堅決不改。

所以，直到現在，我的「反省」還是停留在「太懶了，太拖了，一定要改啊，決心明天開始，不再拖延」。過去的昨天確實已經過去，而沒來的明天卻一直沒來。

雖然我很努力地做了很多計畫，比如利用坐地鐵的時光讀書或練口語等，不過，每當走進地鐵列車裡，我就開始玩智慧手機了。天涯都刷得想吐後，我開始玩數獨，什麼讀書計畫學習計畫，全都被拋到了一邊。我把自己沉淪於玩樂，白白浪費了青春的所有責任，都歸罪於智慧手機。即使明知是自己不是，還是免不了要責備玩物喪志，是受了有物可玩的誘惑。

我給自己貼上「我就是某類人」標籤，然後理直氣壯地放棄行動。俞敏洪研究詞根的時間，我在打遊戲；羅永浩背單詞的時間，我在瀏覽網頁；貝隆夫人賣力提升自己演講能力的時候，我在刷臉書；賈伯斯在啃蘋果的時候，我在看電影；貝爾在進行艱苦訓練的時候，我在幹什麼呢？我在發呆，在想怎麼樣才能讓生活過得更自在一點。

我總想再準備準備，再拖延拖延，再逃避逃避，再懶一懶……似乎等到準備周全了再出發，我就能擁有一個完美的到達，然後定睛一看，自己已經練成了草根。

一千打綱領，都比不上一步實際的執行。生於行動，死於刷屏。不要等明天再開始，不要等準備周全再出發，不邁開雙腳，就永遠不會到達。

細數苦難，不如開始改變

有一個社會學家，為了研究父母對子女的影響，弄明白認知模式是由先天遺傳決定的還是由後天環境改變的，並蒐集了很多同卵雙生子的家庭資料。同卵雙生子的遺傳基因相同，研究他們的行為變化，可以幫助人們了解遺傳和後天環境對認知模式的不同影響。在所有的研究樣本中，有一對雙胞胎兄弟是這個社會學家小時候的街坊。這對雙胞胎兄弟有一個酗酒的父親，脾氣暴虐，動輒對他們兩人大打出手，他們的童年備受虐待，留下了很多心理創傷。

長大以後，他們去了兩個不同的城市工作，各自成立了家庭。

社會學家聯繫上了他們，並決定去拜訪他們。他先去拜訪了哥哥，進了哥哥的家門後，他看到的是凌亂的房間，到處都是酒瓶，兩個孩子怯生生地望著來訪者。當社會學家問哥哥為什麼把日子過成這樣時，他開口說：「你知道我是從一個怎樣的家庭出來的，你也知道我有一個怎樣的爸爸，我還能怎麼樣？」

過了幾天，社會學家又去了另一個城市去採訪弟弟。進了弟弟家門後，看到的卻是另一種情景：整潔的環境，和睦的夫妻和可愛的孩子，幸福洋溢在每個人的臉上。他大為驚訝，為了研究的客觀準確，他多次去弟弟家，最後終於確信，弟弟的幸福是真實的。於是，他問弟弟，為什麼會有這麼幸福的家庭，這位弟弟的回答和哥哥一模一樣：「你知道我是從一個怎樣的家庭出來的，你也知道我有一個怎樣的爸爸，我還能怎麼樣？」

這對雙胞胎兄弟有著同樣的遺傳基因、同樣粗暴的父親和同樣不幸的童年，也有著同樣的問題：有了這樣的經歷，我還能怎麼樣？他們的回答，甚至在字面上也是一樣的，但是他們的回應是截然不同的。哥哥被早期的痛苦牢牢控制，由於缺乏理性的反思，他唯一的選擇就是被動地複製父親的模式：「我也只能這樣了。」而弟弟卻是在理性而痛苦的反思後作出了完全相反的選擇：「我再也不能這樣了。」

在同樣的環境下，兩個人作出的選擇之所以完全不同，完全是心智模式不一樣導致的。

心智能力的高低，決定了我們能在多大程度上超越本能。越受本能情緒的支配，活得就越被動。

被動地理解環境對自己的意義，被動地思考過去的經歷，被動地接受知識和經驗，難怪黑格爾說：「熟知並非真知。」跌跌撞撞地弄明白了別人解釋世界的工具，如語言、概念等，然後又跌跌撞撞地學得了一點兒別人的解釋方法，如唯物論或唯心論，如此種種，無疑是人生最大的悲劇之一。

沒有建立自己的解釋方法，就難以從經歷中總結出有益的教訓。沒有自己的思想體系，就只能盲目地跟隨這個世界。於是，有的人，成了世俗要求的奴隸，而有的人，成了自己經歷的奴隸。

認知力有一點點差異，結果就產生了如此大的不同。

所以，細數苦難，不如開始改變。只要我們願意走出自己的慣性思維，重新發現這個世界，把經歷總結成有用的經驗，就能在搖擺中獲得成長。

可以輸給任何人，但不能輸給自己

我朋友所在銀行的一位獨立董事，當年在上海交大畢業後，參加了一家國有銀行的考試。他之所以在這家銀行面試，是因為自己的舅舅是這家國有銀行的高階主管，由此他非常相信自己能進入這家銀行。當然，可能性確實很大，學歷沒有問題，專業沒有問題，更有一位身處高層的親舅舅，所以，他覺得自己進入銀行是一件理所當然的事。

他以優異的成績過了筆試關，但卻在面試時落選了。他非常意外，於是跑到舅舅辦公室問原因。不料，舅舅淡然地說：「這不是什麼大事，但是因為我出國旅遊去了，忘了打聲招呼，回來的時候招聘結果已經公佈，所以沒有什麼餘地進行迴旋操作了……」表明完不幫忙的態度後，以一句要開會的藉口，把他打發出了辦公室。那一天，他對舅舅感覺好陌生，在他的觀念裡，舅舅是理所應當幫自己的。

他埋怨爸媽沒提前去「走關係」，埋怨舅舅的不肯幫忙。他憤憤不平：那些能力和口才都不如自己的人為什麼能入選？他跑到爺爺家裡訴苦：「為什麼命運對我那麼不公？為什麼舅舅不肯幫我？」

那天，爺爺正在收拾金魚缸。忽然，兩條魚蟲掉進了剛刷洗乾淨的魚缸裡，爺爺指著這兩條蟲子說：「你看見牠們了嗎？」他看見，在水裡的兩條小蟲子正苦苦掙扎著。爺爺拿起一根草，伸向其中一條蟲子，那條蟲子順著那根草爬了上來。

爺爺拿著那根草說：「對這條蟲子來說，這根草就是牠的救命草，牠得救是因為我看見了牠，也是在我心情不錯，想要幫牠的時候，才給了牠可以往上爬的那根草。」那條得救的蟲子，恢復過精神來，順著那根草繼續往上爬。當牠將爬到爺爺的手指上時，爺爺說：「可是，我現在心情變得不好了，我不想救牠了。」爺爺又把那根草扔進了水裡。

「很多事原因並不重要，因為總會有太多的原因。也許你爸媽太大意了，沒有提前給你舅舅打招呼；也許是你舅舅真的忘記了；也許你舅舅覺得如果你也進那家銀行，親戚關係或許會影響到他；也許因為你爸媽總是找你舅舅辦事，但你舅舅從來沒有從你爸媽那兒得到過幫助，覺得幫你沒什麼價值；也許就像剛才那條魚蟲一樣，那天他心情不好，不願意去給你打招呼……這些原因還重要嗎？都不重要。前路總要自己走，學會靠自己吧！」

一句「靠自己吧」，讓他怔怔地佇立了很久，看著在水中掙扎的蟲子，好像一下子開悟了。爺爺雖然沒有正面回答他的問題，但卻讓他徹底明白了一個道理：人，必須學會做自己的主宰，依靠別人是不保險的，只有自己才不會因為各種原因拋棄自己。陷入苦海時，不要指望別人那隻手，只有靠自己力挽狂瀾的決心和智慧，才能走出生命的低谷。

如果當年他真的進了他舅舅的銀行，也許現在還在那家銀行做一個庸碌的小白領呢！在「靠自己」的支撐下，他用汗水和淚水在奮鬥之路上堅持了下來，而現在，他成了一家商業銀行的獨立董事。有時候，不順利，也許不是一件絕對的壞事。

凡事依靠自己，承擔自己的人生，懂得自己的所欲所想，才能為自己的人生負責。走著走著，我們會發現，自己人生最大的貴人，不是別人，恰是自己。

挫折不是上帝製造出來讓你打發無聊的

人生沒有絕對的彎路，你用雙腳認真丈量的每一步，都將成為你靈魂的疆域。它們因成為了你的經歷、成長和記憶而永遠無法被奪走，這即是我們可以達成的不朽。人生的最大不同，其實不在於終點而在走路的歷程。

連續十二年保持全世界推銷汽車的最高紀錄而被載入《金氏世界紀錄大全》的喬．吉拉德，被稱為「全世界最偉大的推銷員」。有人說，他天生就是一個銷售員。這種天才論並不能當真，沒有一個白手起家的人不需要依靠自己的努力拚搏，便能功成名就的。喬一生中做過很多份工作，他沒有明確的目標，一直在跌跌撞撞中行走，因此走過不少彎路，經歷過人生的大起大落，到三十五歲時依然一事無成。但所幸的是，他始終沒有放棄對自己的要求和對家人的責任，這才促使他最終找到適合自己的職業方向。

喬．吉拉德出生在美國密西根州最大的城市底特律，他家特別窮，只能靠申請救濟餬口。冬天，他和哥哥吉姆經常溜進家對面的煤場偷煤，才能解決取暖的燃料問題。窮日子彷彿看不到盡頭，經常失業的父親喜歡以打孩子的方式發洩心頭的鬱悶。

喬在八歲左右就開始工作了，他蹲在東傑弗遜大道的工人酒吧裡，在骯髒的地板上替人擦皮鞋。二十世紀三〇年代的美國經濟蕭條，人們到酒吧大多是為了借酒澆愁，擦皮鞋的生意不多，喬與其說是打工，還不如說是乞求人家同意他擦皮鞋。擦一雙鞋只掙五美分，有時，顧客會多給一到兩美分，但有時也會只給兩美分。他常常一幹就幹到晚上十一點，掙的錢全都交給了家裡——就算只能賺一美元，也可能是家裡唯一的收入。

後來，他又開始送起報紙，每天早上六點就得起床到車庫，把分好的《底特律自由新聞報》送往訂戶家中；放學後，再去工人酒吧擦皮鞋。他一邊擦皮鞋一邊送報紙，一做就是很多年。

十六歲時的一天晚上，喬受不了金錢的誘惑，與兩個壞小子一起偷了一輛車，然後撬開了街上的一間酒吧。他們成箱地往車上搬酒，還撬開了收銀機拿了一百七十五美元。他們把酒賣給了流浪漢，平分了偷來的錢。

三個月之後，喬被帶到了青少年拘留所。拘留所是他待過的最恐怖的地方，一大屋子全是犯了事兒的小孩。有個大個子看守拿著皮帶進來，隨便讓一個小孩撅起屁股就一通猛抽。那一次，喬真的被嚇破了膽，他決定靠自己的力氣吃飯，再也不願意進監獄了。

出了看守所的喬在爐具廠找了一份工作，但很快就被開除了。接著，他幹過四十多種不同的工作，開過卡車，做過安裝工人，學過電鍍，當過兵，還開過小店，但是運氣總是不好，不是因為抽菸被開除，就是摔傷不能工作……直到後來，他跟著一個名字叫阿貝．薩珀斯坦的住宅建築商工作，生活才慢慢地有了起色。這期間，他不僅成了家，還有了孩子。

老闆退休時，把生意轉讓給了他。有一陣子生意還相當不錯，可惜那時，他經驗不足，不知道只能相信白紙黑字，不能相信口頭承諾。一塊荒地的地產銷售員為了把房子賣出去，捏造了一條虛假資訊，錯誤的投資不僅使得他十年拚命工作的積蓄化為烏有，還一下負債六萬美元——這在當年實在是很大一筆錢。銀行想扣押他的汽車，因此，他晚上回家時，要把汽車停在幾個街區之外，然後穿過小巷爬後牆溜回家。

那時，他幾乎想死，感覺自己無論為生活付出了多大的努力，總會一下子回到原點。回家時，妻子向他要買菜的錢，這才讓他想起了自己還得對妻子、兒女負責任。

身無分文的他一夜未眠，一直在想自己該怎麼辦。吉拉德知道，自己必須找一份能馬上獲得報酬的工作，以避免全家又挨一天餓。他決定做汽車銷售員，但沒有銷售員願意介紹他入行，因為於他們來說，多一個人就多一個競爭對手。為了加入雪佛蘭汽車公司，他不得不以下午六點前不接待客人，只為別人都不願意服務的客人服務為保證條件，加入了這家汽車銷售公司。靠著他前半生的人生沉澱和世態人情的理解，他摸索出一套很實用的銷售理論，終於扭轉了人生絕境，成為躋身汽車界最高榮譽「汽車名人堂」中唯一的銷售員。

雖然某些經歷就世俗意義來說，有「正確」的方向，和「直接」的達成才好，無疑，在同樣的時間成本裡，直接可以得到更多，朝著正確的方向努力，效率會更高。但是，命運的最大天機就是誰也不知道自己明天會面對什麼。我們要做的，可能唯有堅持走下去，畢竟，很多挫折不會只是上帝製造出來讓你打發無聊的，這些挫折，也許是你下一部成功所必需的累積。

地球是運動的，一個人不會永遠處在倒楣的位置上，沒有人能一直成功，也不會有人一直失敗。所以，不要放棄為前進而做的努力，你想要的一切，歲月都會以自己的方式給你。

是誰辜負了青春，荒唐了時光

很多人都經歷過一段荒誕的時光，然後才漸漸成熟起來。在人生最低谷的階段，我曾經瘋狂迷戀網遊。為了打遊戲，我可以去網吧上班，用薪水沖點卡買道具；為了打遊戲，我可以和一個混混交往，因為他可以帶我。

我們天天打遊戲。為了升級，我連續七天待在網吧不睡覺也不吃東西，七天瘦了二十斤——誰說減肥難！各種能迅速上手的遊戲都能讓我上癮：在手機剛出來的年代，我能把《貪食蛇》玩到一千多分，那意味著蛇的身子幾乎滿屏了；什麼《打泡泡》《黃金礦工》等都是我曾經沉迷的；不過我玩得最久的還是《熱血傳奇》，最瘋狂的時候竟然差點和一個上海的玩家結婚，因為兩人「志向相同」。

很長一段時間我都沒有弄明白遊戲成癮症的原因，其實，愛遊戲的原因太簡單了——可以獲得心理上的滿足。那麼，遊戲有哪些特點，怎麼就滿足了我們的心理呢？

一是操作簡單易學。比如《熱血傳奇》，只要按「F1」到「F12」這些按鍵，用好滑鼠就可以了，而且哪個技能對應哪個鍵可以隨便設置。簡單易學，受用時間長，能滿足人們學東西快的成就感。

二是公平，誰的角色都是從一無所有開始的。只要肯努力，不斷重複就能不斷升級和收穫。現實中可不是這樣，薪水通常要一個月才能領一次，這還算是最即時的回報了。很多工作做完之後沒有看到預期的回報，反而受到了損失，而有些工作更是需要經年累月後才可能有回報，而這些在遊戲裡是那麼容易獲得。

三是有付出就有回報。無論殺什麼怪都有收穫，就算沒有裝備和錢，還能收穫經驗值。你能看見自己付出後的被承認，這種被承認能讓我們滿足內心最強烈的需求之一：自我認同。但是在現實世界，我們一定得付出努力後才能獲得相應的能力，付出之後也不一定就有回報，並且，很多努力換來的都是傷害，原想給世界一個溫暖的擁抱，卻迎來四面八方措手不及的耳光。

四是新鮮。每個級別發展到一定層級後，就可以打更高級、經驗值更多、錢更多、裝備更好的怪。網遊開發商總會推出更加高級的裝備，更加難打的怪物，更加有殺傷力的技能。總之，當你一個需求被滿足後產生失落時，人家又給你弄出一種新的欲望來，你可以永遠地追下去！

五是總有機會重來。無論在遊戲角色中付出了多大的代價，即使是生命代價，也可以復活，可以肆無忌憚地冒險，和級別比自己高的人ＰＫ，挑戰生命力攻擊力強過自己一百倍速的終極大ＢＯＳＳ，去各種危險的山河湖海中征戰。

六是網遊實在太懂得迎合我們的人性弱點——懶。有人發明了外掛，只要開著外掛，角色就會自動買藥挖礦打怪，一覺醒來，掙錢了，升級了，再也不怕ＰＫ了。可就這樣，玩家還覺得不夠好，所以，現在的遊戲，連外掛也不必要了，只需要點下掛機，角色就自己做任務。

通常來說，沉迷於遊戲的人心智非常脆弱，他們內心不甘於生活現狀，但又不敢去冒險。可能他們也知道自己的缺點，知道歸知道，但就是提不起勁兒來進行一次真正的改變。即使偶一為之，也因為慣性力量的強大而放棄了，用一句話來說，就是虛心認錯，堅決不改。

我們逃避問題的藉口常常是「我懶」，說得好像是自己不幹正事時，都在一心不亂地靜待著一樣。那些說自己懶的人，雖然沒有幹什麼正事兒，其實也一直忙著呢，有的打遊戲，有的看泡沫劇，有的玩手機，總之，哪樣對自己胃口就玩哪樣。

這麼一看，我們其實一直都沒有閒著，真讓你閒著你會崩潰的，所謂的懶只能說明，你用懶來逃避的對象讓你找不到存在感和滿足感。

在現實中沒有一種成長會像遊戲那麼容易，沒有一種獲得能像遊戲那麼容易。看來，要戒掉遊戲癮，還是要從目標做起，但是，不能再好大喜功了，跌倒了，爬起來繼續哭的事不能再幹了。

長期的遠大目標實現起來非常困難，我們只能腳踏實地，老老實實制訂有一點挑戰的目標。拿讀書來說，我們只要計畫一天讀十頁，一個月就能讀完一本三百頁的書。但這樣的計畫往往因為太簡單又太需要持續性而使得我們容易中斷，那怎麼辦呢？可以每讀五十頁就給自己一個獎賞，這樣就會容易堅持些。但是真正的堅持力是需要內心強烈的渴求或急需解決的壓力才能產生的。讀不讀完一本書，如果於我們來說沒有什麼實際上的損失，我們就很難堅持下去。

所以單純說「要相信自己能完成，每天都去做計畫中的事，就會有收穫」其實是空談，是誤人子弟的成功學。一個現狀安穩的人，如果沒有遇上生死難題，即使過得好像無比痛苦，也很難去努力改變什麼的。

如果，一下子全部斷絕自己與迷戀對象的接觸，那樣會引起強大的心理應激式叛逆，產生更強大的渴望。我們可以減少一點時間，把自己最迷戀的東西當成獎品。比如，在第一個月裡告訴自己，如果每天能堅持學一小時英語，那麼就可以玩三小時遊戲；第二個月，堅持學一小時英語，可以玩兩小時遊戲……直到你的英語達到預期級別。強迫自己提升技能，以自己迷戀的東西做獎品的好處是，可以告訴自己，要先有能力立足，才有更多錢玩自己心愛的遊戲。

工作之後也可以如此，當我們在學習和工作中找到了滿足感時，其他癮會很自然地弱化。

懂各種道理的人，不少；真正放下的，不多。想不想改變，在你；能不能堅持，也在你。因為我知道，不管你願意不願意，總有一天，歲月會逼著你成長。

不逼自己一把，永遠不知道自己有多優秀

有個棒球冠軍去郊外參觀一個養雞場，他發現雞群裡混雜了一隻鷹。棒球冠軍非常奇怪，他問主人怎麼回事，主人告訴他，他撿回了一個鷹蛋，於是放在雞窩裡孵了出來。由於這隻鷹是和雞一起長大的，所以不會飛。棒球冠軍買下了這隻鷹，來到了一片草地上，隨後把鷹放了。飛的本能終於被激發，鷹開始學飛，但飛了很多次，始終沒能飛起來。棒球冠軍開車把牠帶到懸崖邊，使勁一丟，鷹在急速下墜中發現，如果不張開翅膀，就會徹底墜地，於是兩個翅膀奮力張開，終於飛了起來，就這樣，牠回歸了山林。

仔細想一想，我們在很多時候，就像這隻混在雞群裡的鷹一樣，以為自己只適合在圈養的安穩中，或老去，或被殺戮，忘記了自己可以在高空翱翔的能力。有時候，只有被放棄，我們才能激發出自己最大的求生力，你會發現，你的堅強讓自己都驚訝。

在紫微斗數裡，有一顆大星和這隻鷹挺像的，這顆星星叫天同。這個可愛的天同星，是所有星星中最有福的一個。

不過，就這樣一顆大福星，本身卻毫無力量。它雖心地善良，耿直可愛，樂於助人，凡事不愛與人計較——它的很大一部分福氣來自於為了顧全整體和諧的委曲求全，但是，這個福星的福，其實是指注重享受。雖聰明好學，卻不專心，做事也總是三分鐘熱血，沒有開創力，沒有雄心壯志，做任何事都不很積極，即便是有計畫，也不著邊際，更別說執行力了。所以，這個星星往往過於注重眼前的逸樂，意志消磨，無心進取。

要激發天同的強大能量，只有讓它遭遇各種煞星煞氣，能讓其他星星失去能量的連連霉運和災難，反而可以激勵它奮發圖強的鬥志，在勞碌而艱辛的日子裡走向成功。

這和人的心理學多像啊！很多很多的人，都只有在災難裡才會奮發，在絕境裡才會自強，在平安中反而消沉。果然是「生於憂患而死於安樂」。

從這個角度來看，我們其實都有些犯賤的感覺，但凡還有一點點退路，就會得過且過，然後度過平穩的一生。只是這種平穩裡，充斥著沒完沒了的不滿和抱怨，以及未曾徹底努力過的後悔。

我們之所以會得過且過，就是因為，雖然會感到委屈，但不必迎接未知的恐懼。雖然不得不妥協，但妥協能讓我們躲在心靈舒適區。每個人都有自己的心靈舒適區，在這裡不願意被打擾，不願意被逼迫，不會和陌生的面孔交談，不願意被人指責，不願意按時做事，不願意主動去關心別人，不願意為別人著想。為了實現這些「不願意」，我們選擇了減少需求，阻斷欲望。

所以，很多時候，我們只能在不甘心裡仰望理想。其實，不逼自己一把，永遠不知道自己有多優秀。人的一生，總得有個盼頭，幹嘛讓自己不快樂也不被認可？要麼讓自己爽，要麼讓別人發現你確實了不起，從而珍惜你感激你。兩頭都不圖，你鬧哪樣呢？

我們是自己的上帝，人生的價值與意義都是我們自己給自己賦予的，快樂和幸福也是這樣。與其在不甘裡空懷理想，不如努力拚上一回；與其總是被生活逼著努力，活得毫無樂趣，不如從現在起就改變自己。唯有這樣，你才會發現，生活正以你希望的那樣子，出現在你面前。

煩惱是自找的，快樂也是自找的

你對生活的一切不如意，都是自找的。
自找的痛，就別告訴別人有多痛。
我們生在這個煩惱的世界，
但可以選擇在這個世界快樂地生活。

別空期待，空期待是癌

朋友來京，我自然是要好好招待一番，雖然我對我接待照顧別人的能力滿懷失望，但是有些事情麼，就是趕鴨子上架，不做也得做。朋友的火車早上七點到北京，我打算得好好的，五點鐘起床，洗個澡，打扮得漂漂亮亮，六點鐘出發，十分鐘走到公交站，387路公車距離北京西站不過五六站，絕對能提前到站！

我確實五點就起床了，但是這邊摸一下那邊碰一下，不知都忙啥了，到出發時，時針已經默默地指向了悲慘的六點二十分。這時我鎮定地想，叫車比較可靠，那就叫車吧！但讓我鬱悶的是，儘管清晨的北京顯得地挺廣，人挺稀，車挺快，不會有人和我搶車，但一直走到公車站，都沒能看到一輛計程車。我只能一邊等公車，一邊等計程車，心裡嘀咕著，哪個先到就先坐哪個。但世界彷彿將我遺忘了，一直等到了快六點五十分，也沒等來一輛公車，更沒等來一輛計程車！

看來，上帝逼我再走十分鐘的路去坐地鐵，我只好屈服了。好吧，莫非定律成功地提醒我，當一個人有了不合理的期待後，便能生出擔心、恐懼、失望或絕望。任何時候。

狼狽地接來早就等在那兒的朋友後，我帶她去前門逛大柵欄，在傳說中專騙外國人的市場上很偶然地買了兩個復古的「小主」式手套。再暖的冬天也是冬天，何況這冬天是北京的。走出街口時，我發現，朋友的小手正紅著呢！剛買的手套，立馬派上了用場。

我們跑到海底撈一頓胡吃海喝，我掏錢的時候心道，乾脆拿出一千塊吧！隨後順手一抽，數了數，竟然恰好是整整一千塊！準確得不可思議。這麼好的手氣，真後悔當時沒有去買彩券。什麼無巧不成書，都弱爆了，真正無巧不成的恰恰是生活。

生活常常會給你意外，也常常會打破你的不合理的期待。你也許會問，什麼樣的期待是不合理期待呢？

只要你有期待，期待就可能落空；只要你有了期待，必然會希望出現一個特定的結果。比如你約了男友半小時後見面，你覺得你的安排是合理的，因為他與你的距離只有十分鐘的車程，但是他還是有可能會遲到，甚至不到：堵車、臨時有急事等突發狀況，會讓你的期待落空。

執著於不合理的期待，就是執著於你一定要得到什麼那樣無理可講。也許，你會說，你應該在答應某件事的時候，有把它完成的把握；你應該在作出某個承諾的時候，有把它兌現的把握，否則你就不應該輕易承諾。這話聽上去似乎有理，但若真要事事都「確保一定如期完成」，我們幾乎就不可能作出任何承諾或約定了。

比如，我們既然要上班，就應該在規定的上班時間，如上午九點前到達公司，因為你在與公司簽訂勞動契約那一刻起，你就默許了不遲到、不早退。你住得遠，可以早點起床。如果你的路程需要一個小時，你早上七點出發，就一定不會遲到。理論上，這是成立的。但你忽視了無數基本條件，要在七點出發，九點到達公司，至少要滿足如下條件：

一、你的身體是健康的，不會突然病倒而無法起床。

二、你的居住地是有安全保障的，不會因為房子的突然倒塌導致你受傷。

三、你所居住的城市在未來一段時間裡都不會出現地震、風暴等一系列意外事件。

四、你開的車或坐的車，在未來一段時間裡，都不會中途拋錨，保證你可以行駛到目的地。

五、司機或你都不會因為任何問題發生交通事故。

六、你公司的運轉在未來的某一段時間都沒有問題，你還可以繼續去上班……

如此一來，我們不難發現，除了自己保證自己明天還願意（不一定能保證得了，誰知道你第二天是否還願意上班嗎？沒準夜裡你便想起公司的萬般不好，一賭氣便決定請病假或者乾脆曠工呢！）起來外，你什麼也確保不了，你在無意中，便已經對一大堆狀況作了無能為力的承諾……我相信，每一個人都不會惡意作這麼一大堆不可能確保的承諾，但哪家公司會要一個連不遲到、不早退都不能保證的人呢？你必須作出那些無力確保可以實現的承諾，別人才會給你工作。

我並不想說我們不能有點期待，我只想說，我們自以為合理的、應該的，其實包含著無數不可抗力因素。我們除了盡力去做好，就是盡力去做好……至於結果，由它去吧！真正的遺憾是，由於害怕承擔我們不想要的結果，而放棄了為我們想要的結果而努力。

反正所有不能實現的期待都不夠合理，所以，一件事在達成之前，還是不要抱有什麼絕對的希望。反正每件事都有無數種可能性，倒不如使勁地「折騰」，實現更好的可能。

最好的態度就是，不空期待，只努力。了解每件事可能會有意外發生，為意外的發生作好心理準備，同時，盡最大的努力把事情做好。

越努力，越幸運

長著一嘴毛蓬蓬鬍鬚的可愛老頭恩格斯說，有作為是「生活的最高境界」。很多有志青年都嚷著自己是個有理想有追求，但不知道從哪裡開始追求。追求其實不難：只要有行動，就能帶給我們成長。一個有目標的人，成長得往往比沒目標的人更快，如果我們沒有長遠的規劃，那麼一定要有短期的行動目標。

給BBC拍《荒野求生》的貝爾．格里爾斯，小時候上學時經常被欺負，所以他很早就開始學習空手道進行自衛。那時，他的年紀在同班同學中最小，個頭也很小，身體比較瘦弱，由於體力的原因，所以好長一段時間裡，他並沒有改變自己被欺負的局面。為了增強體力，增加自己的攻擊力，小小年紀的貝爾，在別人都專注於遊戲或看電視的晚上，獨自負重長跑。體能有了一定提高後，他又在格鬥技巧上刻苦訓練，很快，他身手不凡，再也沒有同學能欺負得了他了。他的努力得到的回報不僅僅是不再有人能欺負他，實現目標的過程同時也是他發現自己的過程，在這個「不被欺負」的短期目標的實現過程中，他發展了身體的體能和反應能力，這為他之後成為著名節目《荒野求生》的主持人奠定了基礎。

而他，並沒有因為自己不再被欺負而感到滿意，他想成為空手道高手，為了這個夢想，貝爾專程跑去日本學習。每一種成長都不可能沒有痛苦的參與，空手道對肉體的折磨不是一般人能輕易承受的，其中的痛苦打擊得他無數次想放棄。但因為有目標的支撐，他戰勝了自己的放棄心理，最終成為了伊頓公學最年輕的黑帶高手。

由於想當一名狂拽帥氣的特種兵，於是貝爾進入了最頂尖的特種部隊——英國皇家特種空勤團SAS。他的目標是在特種部隊裡當一個傘兵，但這一夢想很快在一九九六年破碎了。那天，貝爾和隊友一起在非洲跳傘，由於自己沒能撐開降落傘，他的身體被降落傘傘衣裹住直愣愣地摔了下去，傘骨刺穿了他的脊椎，背部三處受傷，他不得不停止服役。而終止服役，則意味著他多年以來的夢想徹底破碎了。他甚至不知道自己是否從此會成為一個殘障人，他的人生幾乎都毀了。

貝爾也因此自暴自棄過，那段時間裡，他感覺人生從此沒有意義了，痛苦得幾乎想自殺。但是，即使那麼絕望，他也沒有真的放棄自己，在認真思考過自己的未來後，他覺得自己雖然不能繼續做特種兵，但還可以做個冒險家，做個為慈善籌款的冒險家。他具有冒險家的素質：職業訓練培養出的堅強意志和處理危機的技巧。

從此，他的生命與冒險結合在了一起。他在無人協助的情況下，領導隊伍乘坐硬底橡皮艇，橫越結冰的北大西洋，幾乎凍死在那裡；他在三千公尺以上的氣球中表演艱難的高空晚餐；他計畫攀登珠穆朗瑪峰，儘管一切裝備都得自己提供。經過了半年的尋求，他終於得到一家公司的贊助。他在實際的攀登中要承受九十天極限天氣的考驗——有限的睡眠和海拔八千多公尺的死亡地帶的威脅。儘管他差點死在了冰縫裡，但他沒有放棄，他終於因為登上珠峰而名揚天下。從此，開始有電視臺與他進行節目合作，他再不是那個在新婚之夜和老婆只能睡覺沒有暖氣的冰凍駁船的男人了。

只是因為有目標，所以貝爾一直在努力，不管多麼絕望，他都一直沒有放棄希望。他知道自己想做什麼，所以拒絕了SAS為他提供待遇優厚的閒職。他也知道自己能做什麼，所以他沒有為了過安穩日子而向現實妥協，在他的才華還沒有被認可時，不斷地為實現夢想而奔走。很多時候，人們的差別不是天賦，而是有沒有明確的目標和絕不妥協的意志力。

如果我們有夢，就要學會拒絕安穩；如果我們有想法，就要承擔那份隨之而來的冒險和苦痛。比規劃更重要的是行動，如果夢想和理想沒有行動的支撐，那麼永遠都只能停留在想和抱怨上。只有我們真正地去挑戰困難，去解決問題，去為自己想要的一切冒險，我們才能活出不平凡的自己。

人生並不一定只指向某個正確方向；相反，人生更像同心圓，每一個圓環之間都有距離，每一個環上都對應著相應的收穫，而你只要肯從圓心出發，無論是哪個方向，只要一直走下去，你都能摘到圓圈上的果實——沒人規定你只能摘蘋果，摘梨也不錯吧！也許，你到達一個環後，發現另一個方向的果實才是你想要的，這些都沒有關係。

沒有走錯的路，也沒有一直走卻沒有收穫的人生，但一定有不願意走下去，半途而廢的人，他們只會羨慕那些走得更遠、收穫更多的人。放棄的人慨嘆別人的好運，卻始終沒有想過自己堅持下去，也有可能在自己選擇的方向上走到明天。

未來之路如何走最可靠

人生很短很短，二十歲，三十歲……六十歲，好像一眨眼就過來了，從前種種如昨日剛過；人生又很長，長得每一天的二十四小時都得按秒來過。好過的日子很短，難過的日子很長，過了的日子很短，將過的日子很長；清醒的日子很短，迷惑的日子很長……

雖然從我們出生那刻起，就在學習別人的知識，模仿別人的行為，根據身邊人的生活方式調整自己，但是，很多人依然不知道自己想要什麼，自己的理想是什麼。三十而立，四十不惑，就是說到了三十歲，我們才有了獨立的自身認識，四十歲，才會去思考自己究竟想要什麼。

沒有辦法，我們心靈的認知能力，與臉上的膠原蛋白往往成反比。只有經歷得足夠多時，我們才會知道未來之路如何走最靠譜。所以，有人說，人生不是規劃出來的，而是走出來的。

或許有人會以為，發展自己的興趣和愛好就是實現自己的理想。其實，我們有很多興趣，只是即興之趣罷了。但這些即興之趣，卻常常讓我們把「感覺容易做」和「感覺很有趣」當成可以發揮自己潛能的理想。

比如我喜歡畫畫，我可以成為一個畫家；我喜歡寫作，我的理想是當一個作家。但是，喜歡畫畫和成為一個畫家之間的距離，有著無法僅僅用感興趣，有愛好，或類似於堅持、努力就能達到的。我很可能畫了一輩子也成不了畫家，只能當個普通的畫匠。而當個普通的畫匠，很可能既不能賺到什麼錢，讓我的生活得以維持下去，也不能真正滿足我對自我實現的期待。但我偏偏嚴重缺乏天賦和審美力，所以無論多麼努力，都無法成為一個能畫出境界的畫家。如果一種愛好沒有良好的天賦作基礎，那就承擔不了理想的厚重價值，只能做為一種愛好，而不是做為理想去看待。並且，興趣和愛好也不一定能讓我們產生堅持的力量。

成就的過程是一個持續的，不斷遭遇挑戰的過程，有一些興趣頂多是一時興起，三分鐘熱度之後，我們就不會再感興趣。而有一些興趣看上去挺持久的，但變成任務時，我們也就興味索然了。興趣只有不被結果約束時，才能讓我們產生巨大的熱情力量。很多理想的最初與實現後的模樣，都不一定是一樣的。一個三流畫師後來成了一個一流作家，這樣的變化不是沒有的，因為我們必須經歷過實踐，才知道自己的愛好，是熱愛，還是因為好玩；也只有經歷過折騰後，我們才知道，究竟什麼工作或愛好，才能讓我們找到自身價值，發現自己的創造力。所以，一扯理想，就談興趣和愛好實在太不靠譜了，幼稚。

做，才會發現。如果我們不知道能做什麼，那就做點什麼來讓自己知道自己到底適合做什麼，這樣，我們至少知道自己不能做什麼。即使我們不知道自己想要什麼樣的生活，但至少可以知道自己不想要什麼樣的生活。一萬個胡思亂想抵不過一個腳踏實地的行動，走過了彎路，才會懂得自己那條路不適合自己。

就像最初的我們並不會曉得自己最後的模樣一樣，二十歲之前的人生像一片沙漠，如果我們不懂得尋找方向，不努力尋找方向，生命之花可能會在沙漠裡枯死，如果我們盲目瞎竄，則可能會迷失，深陷荒蕪；三十歲的人生已經看到了前人走出沙漠的路，只是還沒有望見生命的綠洲；四十歲的人可能已經發現了生命的綠洲，有的人在綠洲裡安居了下來，有的人在此時才明白，自己要追求的不是綠洲，而是海洋。

要麼忍，要麼狠，要麼滾

我有段時間認為睡覺是人生最重要的事，天天早上懶得起床，而且會覺得自己特別累，特別想發洩不滿。但稻粱謀要緊，早上七點，我必須拖著不想醒的身體起床，出門，然後一路悲嘆自己辛苦又兼心苦。

覺得辛苦，其實是你覺得在某件事上犧牲了太多的時間。如果你足夠有錢，就可以做到不以犧牲時間為代價去賺錢，就可以隨意支配時間，想做就做，不想做就睡。

我們只想支配，而不是被支配。凡是支配我們的，都會讓我們感覺缺乏操控力，缺乏安全感——這也是為什麼人們對那些對自己呼來喝去的人十分反感的原因。

我們常常不得不去做自己不喜歡做的事，要是能找到一種雙贏模式，使我們笑著就把錢賺了多好啊！但是，親愛的，雙贏模式，不是說有就會有的，通常，我們要面對魚和熊掌不可兼得的情況，而不是兩全其美的圓滿。比不可兼得更可怕的，是完全不喜歡，或者既累又沒成就感。面對自己不喜歡的生活或工作，要麼忍，要麼有多遠跑多遠。

如果我們要過自己想過的日子，只能選擇願意堅持下去的工作。

有人問我：如果做自己不喜歡的工作怎麼辦？我直截了當地說：離開！離開！離開！選擇自己喜歡的，然後才會喜歡自己選擇的。你不喜歡，你就不會投入；你不投入，你就幹不好；你幹不好，就不可能有對工作的掌控力；你沒有掌控力，就會感覺活得很累很失敗；你覺得很累很失敗，就會更加不投入——親愛的，你就這樣陷入了惡性循環的怪圈……這就是為什麼有的人在習以為常裡走向平庸，然後做了一輩子哀怨的人——輕輕地告訴你，操控力或者說掌控力，就是所謂的自我實現。

可有的人工作換了無數個，沒一個能幹得長久。他們幹這個覺得瑣碎，幹那個覺得無聊，幹這個覺得困難，幹那個覺得心累。這種人怎麼辦？其實，這是基礎能力缺乏的問題，不單純是喜不喜歡這份工作的問題了。就像有人很喜歡當演員，可是由於自己沒有演技，只能被安排跑龍套，這時他也會覺得很苦很累。到這個時候，我們就要問自己，究竟是不喜歡工作，還是沒有能力幹好自己喜歡的工作？

如果工作不是自己喜歡的，馬上換，立刻換，一秒都不要耽誤；如果沒有能力幹好自己喜歡的工作，就要去研究自己究竟缺乏哪方面的能力，然後去提高。

很多時候，不是行業不適合自己，而是工作的具體崗位不適合自己，我們必須經歷那些不適合的崗位，才能勝任自己喜歡的工作。

我原來做過行銷，雖然很努力，但是由於內心排斥與人交流，所以工作得非常痛苦。做文案後，那種痛苦和惶恐就沒有了，取而代之的是滿腔熱情——我多麼愛研究內容的邏輯和語感啊！但後來發現文案也不是我真正喜歡的，因為不得不去改動很多自己看不上的東西，於是新的苦累又產生了。後來當了策劃，不得不和一些難以交流的人打交道。再後來當了主管，感覺到的是和下屬交流的痛苦。再後來，我開始做一個撰稿人，雖然也有各種困難，但我變得快樂多了。因為，我可以掌握的那一部分，越來越多，同時，每天早晨懶得去上班的感覺明顯輕多了。

不累又賺錢的工作只存在於傳說中，現實中，很多人會覺得疲憊，苦惱於自我實現的不能實現。與其苦惱，不如選擇自己喜歡的，喜歡自己選擇的，堅持下去，用力向前飛。

選擇好現在，就選擇好了未來

二十四孝老公丁先生，不知道哪根筋搭錯了，突然讓我看看他的夢是吉是凶，他說：「我夢見老婆出了車禍，我匆匆地趕到了現場，以為老婆已經死了，所以沒送去搶救，而是直接找肇事車主算帳去了。後來才發現，老婆只是受傷昏過去，被別人搶救了回來，於是我陷入深深的自責裡，恨自己為什麼不先救自己的老婆。」

我說，看不出你有這麼焦慮啊！行車需要正常的軌道，車禍則意味著生活沒有按原來的軌道行駛，打破了原有的格局，而你最擔心的，是對妻子會造成傷害，但是這種擔心，卻有多重意味。

你不在現場，意味著你希望她的傷害與你無關。

你以為她死了，這也是個費解的心理問題，可以說，潛意識裡你是這樣希望的；即使她只是受了傷，你也希望她能失去知覺，然後被救走，但這場營救，仍然與你無關。

由此可見，在這樣一個困局，你不想參與，無論是傷害，還是救贖。這似乎也意味著，你擔心有這樣一個困局出現。你很可能有什麼不能讓她知道的秘密，所以你想過，在被她知道與她受傷之間，你選擇了讓她受傷。

至於肇事車主，看上去，你是為了老婆而和人家在理論，而實際上，那個車主是你更在乎的對象；因為，你竟然可以置老婆的生死於不顧。我們把這車主且稱為利害。

其實，與困局傷害相比，你真正想知道的只有自己的利害。幾經權衡後，你認為最有利的結果還是老婆正常地活著，所以會有人莫名其妙地救了她。你談不上多麼在乎她，你在意的是，某人某事於你產生的影響。

丁先生說：「是啊，對於我身邊的所有人，我都想過如果沒有了，我會如何。我覺得自己可能內心冷漠，雖然生活裡也能承擔責任，但這種承擔，很多時候是因為不想讓人感覺我沒有擔當。」

其實，一個人的心理狀態，是其自我能力和實際表現的綜合體，做不到時，會選擇不做。選擇逃避，和不能承擔無關。心理狀態，和人性無關。承認自己的心理狀態，叫誠實，超越自己的心理局限，叫智慧。

最極端的狀態，誰都可能設想過，或許還有人發現自己近乎冷漠。活在這個世界上，誰的心裡，都有很多自己都不想面對的軟弱與不堪。越是如此，我們越要明白，每個人最愛的是自己，然後才是其他人。

我們很多人，都和丁先生一樣，不想入局，不想參與傷害，也不想參與救贖。我們只想在風平浪靜裡快樂過一生。但是，我們已經入了生活的局，參不參與，都得參與。

所幸我們還有選擇。人的一生，所能擁有的不過是一場由無數次選擇構成的經歷。我們的現在，由過去的選擇決定。我們的未來，由現在的選擇決定。當下的每一個行為，都是對未來的選擇。雖然改變不了過去，但是，選擇好現在，就選擇好了未來。

不必總是猜測他人的想法，每個人經歷的事都不一樣，每個人的需求都不一樣，我們不能代替他人思考，也無法代替他人感受，所以不要猜測別人的想法。同樣，別人也無法代替我們思考，也無法代替我們感受。所以如果被誤解，被曲解，被冤枉，也不必去介懷。如果我們內心篤實，可以放下對得失的計較，我們就能不濫用被迫害妄想症去猜測他人。

當然，無論你懷著多大的善意，仍然會遭遇惡意；無論你抱有多深的真誠，仍然會遭到懷疑；無論你呈獻多少柔軟，仍然要面對刻薄；無論你多麼安靜，多想只做自己，仍然會有人按他們的期待要求你；無論你多麼勇敢地敞開自己，仍然有人會虛飾出他喜歡看到的你。但無論如何，你要記住，你的人生由你書寫，而不是別人。

用完美的眼光，去欣賞不完美的人

把自己變成一個不完美主義者，
慢慢學會用完美的眼光，
去欣賞一個並不那麼完美的世界，
還有這個世界中並不完美的每個人。

別人不欠你什麼，請放過他們

曾有新人抱怨說，我對什麼都藏著掖著，不肯教他們。我一陣感慨，想到了自己曾經做為伸手黨的那些年。因為總是期待別人告訴我點什麼，所以我一直沒有去思考自己要主動學點什麼；因為總是期待別人給我機會，所以很長時間以來，我都覺得事業沒起色的自己只是「懷才不遇」。

那時，善良的主管常常教導我怎麼看書，怎麼提升自己，怎樣去對待別人的批判，甚至把多年的工作經驗總結發給我看，比如異形詞都有哪些，如何找作者，暢銷書的基本策略，具體到某一個題材時要注意哪些問題等。我覺得很煩，只是收在一個不常用的QQ帳號裡，匆匆瞄了兩眼就關了。直到後來離開了那家公司，自己再也無人可問時，才發現那些經驗總結多麼好，多麼重要，很多問題的答案，在他一開始就發給我的檔案裡都有。我心中無比愧疚。

後來，我像這位主管一樣，總是殷切地希望自己的同事，能立刻知道哪些東西是最關鍵的，所以，我也把我的經驗總結發給了我的同事。可惜，他們漸漸習慣把我當成免費秘書，經常問那些在我發給他們的文件裡就有的問題。被問了無數次後，我終於像那位主管一樣崩潰了，我寧願被罰款，也不想回答那些已經給了答案或完全可以查到答案的問題。

你告訴他們的時候，他們總說「其實你說的這些道理，我都懂」「其實那些資料我都查得到，我就是覺得直接問你比較快……」「我也明白標準，但是覺得直接問你，不用費那麼多神……」他們用最侮辱人的方式告訴你：他們只是不願想，要是願意想的話，你多年以來的經驗和學習，他們全都懂，或者只需要去想一想，就全都會了。

天哪，我這時才知道，當時對主管有多麼不尊重。伸手黨最可惡的地方，就是理直氣壯地索要，並且還看不起你的付出！

每個人都一樣，正過著適合自己的生活。抱怨者過著讓自己抱怨的生活，他們喜歡沒完沒了地抱怨，因為除此以外，沒有別的能耐了；痛苦者過著痛苦的生活，痛苦很適合他們，因為他們適合在表演痛苦裡尋找生活的感覺。當然，喜歡被生活推著走的人，也過著被生活推著走的生活。

不是上天欠了誰的幸福，而是有人欠了上天的苦難。

如果不把自己過得很苦很艱難，他們就不曉得生活之所以很艱辛，就是為了讓他們不再把很傻很天真當成不努力的藉口。每一個人都得為活著而努力，上天不欠誰的衣來伸手和飯來張口。

一些新同事向我請教如何提升工作能力時，我推薦了一些書，希望他們按時看完，在了解的基礎上，再具體交流寫作方法和內容亮點。每個人都答應得很好，但在我問結果時，一個說還沒來得及看，另一個說沒找著書，從網上看了一點，覺得這個人寫得不怎麼樣。

我呵呵一笑，不再說什麼。如果你真有心學習，還會找不著一本到處都有的書嗎？那種不用心真的很讓人失望。面對伸手黨，我越來越沉默，甚至他們一張嘴，我就煩了，直至成了別人眼中的不願指點新人的人。我的這種不理人，不是清高，不是掩藏，而是懶得說別人根本聽不進去的意見。

他們還需要去經歷，去受苦，痛到徹骨後，才可能反省。所以，現在我什麼也不必說。人啊，怎麼活是自己的選擇，你既然選擇了不用心，就得接受不成長的後果。

眾生的秉性注定了他們只會珍惜花了大錢或費了大工夫學到的知識與經驗。沒吃過苦、沒摔過跤、沒走過彎路，就不會留下什麼深刻的記憶。自己辛苦求來的知識和經驗，才會記得最深。一個學生問老師：「口加舍字念啥呀？」老師回答說：「啥。」學生以為老師沒聽明白，於是又問了一遍：「口加舍念啥呀？」老師火了：「小屁孩，自己查！」記得羅永浩似乎曾經說，自己最感謝某位老師的三個字「自己查」，因為這三字讓他學會了自己解決問題。

如果沒有一學就會的能力，那就別討厭地只會伸手索要。不想當知識的乞丐，那就去經歷，去冒險，去摔跤，去走彎路。你會發現，每一種曲折，都會成就你的成長。

別總覺得全世界都在看你

人是有身價的，決定市場價格的是買方，而不是賣方，無論賣方多麼賣力地炒弄自己的身價，他真正的銷售價值是無法超過別人的估值的。所以一個人的身價，在很大程度上取決於別人對他的需要和評價。這就是我們為什麼那麼在乎別人怎麼說自己的原因。

適當的關注外界評價，修正自己的言行，是一種良好的習慣，但可惜的是，我們總想得到他人的接納，總想得到他人的認同，總想滿足他人的期望，過度放大了外界評價的影響，以至於終日都為別人如何談論我們而提心吊膽。似乎只有活得不被人指責，才能擁有更多肯定和更多的安全感。結果，因此付出的代價，反而是無盡的惶恐、痛苦、糾纏和不安。

其實，別人所能看到的，僅僅是他關注的一小部分。用別人的三言兩語做為自己的價值定位，無異於用幾根頭髮判斷一個人是美是醜一樣可笑。

越是無能，才越在意別人的說法。沒法一下就證明別人說的是錯的，也沒有能力通過自身的努力去改變別人看法的人，才會把別人的說法銘記於心。假如一個人有辦法把別人評價的「那家人真倒楣，好不容易生了個兒子，還是個瘋子，太晦氣……」改變為「那家人真了不起，在那麼艱難的情況下，還把日子過得風生水起……」讓人看不起的可能會是環境，但讓人讚嘆的，永遠是品格力量。

其實，別人眼裡根本沒有我們。有個傢伙年近不惑時才醒悟：我發現，其實我的髮型如何，只有我自己和我老婆在乎。

我們每天都會遇到很多人，可是我們對別人的髮型能在意多少？或許偶爾有，那也只是一轉念罷了。別總覺得全世界都在看你，人們都不想關心別人，只想讓自己看上去更優秀。

可惜啊，從我們「懂事」起，就開始小心翼翼地修正自己的思想和行為，因為覺得「別人會看我們」或「別人會說我們」。我們希望自己能夠成為一個人皆欣賞的完人，但我們卻很少去思考，用這肉體凡胎去承擔神仙般的光環，是否會感到窘迫、窒息？你希望你的腦門貼上「成功人士」的黃金標籤或貼上「最受歡迎」的鑽石標籤，但具諷刺意味的是，當你終於殫精竭慮地給自己貼上黃金標籤、鑽石標籤時，你卻發現周圍的人無不在做同樣的事情，沒有人欣賞你腦門上的標籤。

如果總是為他人的要求而活，就注定了你會為了外在而沒完沒了地與自己博弈，即使擁有再多，也不會有真正的快樂。但是，有那麼一部分人，無論過得多麼艱難，都不肯放棄這種博弈——其實是迷途者對自己的拒絕。找不到方向，所以只能別人說怎麼走就怎麼走；沒有獨自面對未知恐懼的能力，所以不敢反抗為自己提供支援的夥伴。然後，在一次又一次自我與外界的衝突中掙扎。肉體雖然得到了保障，靈魂卻在阿鼻獄裡受著無盡的煎熬。

是的，志願是你父母選的，對象是你父母定的，工作挑的是輕鬆的，你憑什麼要過你想要的生活？你這才發現，削足適履，妥協求全，得到的只會是無數的不滿意。那麼委曲求全，還是得不到想要的那一點點安全感。

不要怪別人，在別人的選擇裡，過不上你想要的生活。有時寧願自己選錯，也不要讓別人決定你的人生。若是自己選擇失誤，你會誠心悔改，吸取教訓，從此以後，曉得謹慎和大膽同樣都需要智慧，所有的過失和悔恨，都會是對你人生的豐富，也是你走向成功的動力。如果別人幫你選擇失誤了，你會恨別人的失誤，讓你承擔了後果。從此，人生將陷入沒完沒了的怨恨，不能自拔。

幸福不會留在原地等誰回去

誰能說出世界應該是什麼樣子？誰能規定世界必須發生什麼？世界變數太多，但我們只希望世界變成自己所想的那樣，所以，在這個世界上，常常可以聽到帶著很多驚嘆號的話。

「我原本以為，她那麼單純，想不到居然也會出軌！這世界上還有不出軌的女人嗎？」

「我一生沒有做過什麼壞事，為什麼讓我女兒得這樣的絕症？」

「我兒子那麼老實，怎麼可能殺人？」

「從來沒有想到過他竟然也會出軌，我是那麼相信他啊！」

拜託，你相信不相信，和發生不發生，有什麼關係？難道我相信這個世間沒有壞人，這世間就不應該有壞人了嗎？盲目的相信只是變相的懶惰。

但是我們還是喜歡盲目相信，那些小機率不幸事件，都和自己不相關。絕症、墜機、車禍、暴恐等等，只是存在於新聞中或是閒扯時的談資，頂多能上升為提高自己的人生幸福感的對照，我們認為，這些災難是不應該發生在自己身上的。

從小到大，我們被灌輸了各種道德標準和認知標準，從而抹殺了我們多角度看問題，接受突發性變故的能力。我們滿腦都是應該不應該，而沒有合理不合理。一旦發生點什麼，就只能用最主觀的喜惡感受來判斷事件，對自己有利的就叫應該，對自己不利的叫不應該。應該或是不應該總隨著不同的情境轉移，毫無標準。如果發生點什麼，那就成了對價值觀的更新。

其實，什麼事我們都有可能遇上——每時每刻每分每秒，別人會遇上的任何事情，我們都有可能遇上。

朋友的朋友，一位很漂亮的姑娘，因為自己的男朋友沒前途，也感覺不出有什麼前途，所以決絕地和他分手，轉身嫁給了一個更加有錢的富家公子，好像堅定地搶到了幸福。沒想到丈夫被嬌縱慣了，不僅時常「取次花叢懶回顧」，還有暴力傾向，時不時對她拳腳相向。姑娘由於覺得自己沒有生存能力，所以總是下不了決心離開這個表面奢華實際荒唐的家，手心朝上要人養的日子過得苦不堪言。

被她甩掉的前男友，不久後又找人結了婚，由於他勤奮機靈，竟然鹹魚翻身，發展成了當地少有的富豪——比她夫家還要富有。她的內心極度失衡，很想重新跟前男友重修舊愛，奈何「使君自有婦，羅敷自有夫」，兩人都已經各自嫁娶了。

姑娘將不能復合的原因，統統怪到前男友的妻子頭上，她認為，前男友妻子的出現，破壞了自己的幸福：她太輕賤了，沒談多久戀愛，就隨便地嫁給了前男友，而且房子、車子什麼也沒要，還是裸婚……

即使曾經屬於你的東西，一腳踹開後，就不再屬於你，幸福不會留在原地等誰回去。未成定局之前，任何情況、任何事件都有各種可能。人生會怎樣，結局會如何，不是我們可以左右的。這位姑娘沒想到，前男友離開她後，發達是一種可能，也可能一輩子窮困潦倒，或者遇上意外導致殘疾——如果真是這樣，恐怕她倒又要慶幸了吧？慶幸自己英明神武，當機立斷，早早離開了那個倒楣鬼。

正如她遇上富家公子是一種偶然一樣，富家公子願意娶她進門當少奶奶是一種偶然，遇上有暴力傾向的富家公子是一種偶然，遇上災難也是一種偶然，誰的命運中，都這樣充滿著偶然。

「三觀」易碎的人，即使不愚蠢，也是無知的。

有些事我們之所以還沒有遇上，只是概率使然，誰也沒有能力保證自己在需要成為幸運的大多數時，就成為幸運的大多數，在需要成為幸運的少數人時，又成為幸運的少數人。我們唯一能做的事是，珍惜大多數平安的幸福，珍惜真摯的情感，珍惜自己目前擁有的。

不要糾結於所謂對錯

有一天，知雲和尚去參訪石頭禪師，二人談興很濃，說說笑笑不知不覺來到了江邊。這時在乘客的催促下，船夫正將沙灘上的渡船用力推向江裡，船下水後，沙灘上留下一片被壓死的螃蟹蝦螺，讓人心生憐憫。

知雲看後不禁向石頭禪師問道：「請問大師，剛才船夫推船入江，壓死不少蝦螺，這是乘客之過，還是船夫之過？」石頭禪師毫不猶豫地答道：「既非乘客之過，也非船夫之過。」知雲不解，問：「乘客、船夫都無罪過，那究竟是誰之過呢？」石頭說道：「是你的罪過。」知雲聽後，莫名其妙。

石頭禪師道：「佛教雖講六道眾生，但是以人為本。站在人本立場，船夫為謀生計而賺錢，乘客為了過江而搭船，蝦蟹卻又為了藏身而被壓，誰有什麼錯？縱使有罪，也是無心之罪，而你卻無中生有，自造是非，這難道不是你的過錯嗎？」知雲聽後默然不語。

世間有絕對的對錯嗎？不，世事本無對錯，我們有了對錯之心，世間才有了對錯。

我們要那樣去看世界，世界才成了那個樣子。乘客無意傷害蝦蟹，船夫也無意傷害蝦蟹，但知雲卻站在了蝦蟹的立場，要去分一個是非功過，於是，是非功過就出現了。

我們有了觀察利害的立場，才有了是非功過之分；也恰恰因為我們有了觀察利害的立場，所以我們才會對一些事擊節稱讚，對另一些事憤憤不平。

你也許會說：難道我們不應該伸張正義嗎？難道我們就不應該追求正義了嗎？難道我們就應該任憑別人欺負而不反抗嗎？

正義？世間的一切糾纏，圍繞的不過「利害」二字罷了，正義是天道，但「天地不仁，以萬物為芻狗」。天地不會因為偏愛誰，就以誰的意志為中心。一草一木，一花一鳥，在天地眼中，只不過是芻狗罷了。所謂正義，不過專門指人道中的一種不彼此傷害的契約，說到底，還是利害關係。

有兩個人，身陷絕境，很多天都沒有吃飯了。一個人突然捕到一隻野兔，而另一個人見到了，馬上去搶，於是兩人打了起來。根據人道主義來理解的話，那個搶人東西的傢伙是非正義的。但是，對於那隻兔子來講，人的行為是正義的嗎？對於被兔子吃的草來說，兔子的行為是正義的嗎？所以，我們的正義其實只是人類的契約，而不是什麼必然的法則。

不要糾結於所謂對錯，一些人眼中的公平，是能者多得，而另外一些人眼中的公平，是平均主義。當然了，還有一些人眼中的公平，是所有的願望都能實現。

有個朋友曾經做過銀行行長，後來厭倦了金融界，便投資一千多萬開了個養豬場，結果被合夥人坑了，一直在打官司。創業的失敗給他帶來了巨大的打擊，從此人生沉淪，陷在官司裡，靠著朋友們的救濟勉強維持著一定的生活水準。他的創造力、思考力、公關力、組織力全都消耗在了一場場官司中，再也沒能做出過什麼有價值的事情。從三十幾歲到四十幾歲這段時光，是一個人的最有積累和創造力的時光，但是，他卻把這段時光虛耗在了對損失的追究裡。他足足糾纏了十年。

生活所有眼淚和辛酸，都是成長的陣痛。所以泰戈爾才說：「世界以痛吻我，要我報之以歌。」世上哪有那麼多必須分清對錯的事情？很多時候，我們需要做的，只是扛住所有的歲月薄情和世態炎涼，不畏將來，不念過往，不負這段有限不可輪迴的時光。

你最愛的人，傷害你最深

很多時候，人們常常會把對一個人的期待當成愛，然後不斷對別人產生期待，不斷要求他們按照自己想要的方式去活。人們也常常會把照顧一個人的生活當成愛，為了強化愛的感覺，就去做一些自以為愛的事，並視之為付出，還理所當然地要求相應的回報。

所以，一些人，如父母，如家人，常常掛在口頭的話是：「我這樣為了你，你卻讓我這麼傷心。」「都是為你好，希望你好，你卻……」聽起來，他們給我們的是愛，其實，這是一種要求與責備，翻譯過來就是：

「我對你這麼好，所以你必須聽我的話，按照我希望的那樣去生活。」這往往是種種傷害的藉口。

很多人常常說：「我是為了他好啊，我是怕他受苦啊，我是怕他受傷害啊……」其實，他們害怕的，只是失去安全保障。如果別人不按照他們期待的方式生活，那麼，不難預見，他們提升安全感保障的希望，就會破滅。孩子犯了大錯，父母有可能要承擔相當的責任。

你最愛的人，為什麼往往會傷你最深？

其實，他們不知道，那些「好意」，實質上是一種「控制欲」，成了別人生命無法承受之重。無數的愛其實在傷害他們最愛的人。

彼之蜜糖，我之砒霜，你嚮往的天堂，可能恰是另一個人想逃離的地獄。每一個生命來到世間，都有它的獨立性，誰都不能把自己個人經歷得出的觀念強加於人。所以，我們不必一味要求自己所愛的人要以何種方式取得幸福。

人們害怕自己所愛的人受傷，但是不懂得，苦難並不完全是消極的東西。有一些智慧，是困而知之的，有一些成長，是必須經歷從外到內的徹底震盪，才能完成。不能代替別人生活，就不要剝奪別人選擇的權利，即使你知道，他的選擇會受苦，但受苦也是他的權利。

愛，不是可以傷害的藉口，不是用來滿足安全感的工具，而是讓別人以自己喜歡的方式去生活，無論是苦是難，讓他去經歷，去冒險，在他遭遇困難的時候，伸出溫暖的手，在他們過得精采的時候，努力為他們喝采。

每一個人，需要的都只是支援、幫助和欣賞，而不是阻止、限制和責怪。

來世間走一遭，所能擁有的，不是財富，不是名聲，而是經歷和感受。歡樂和痛苦都是收入，在此處失去的，也許是為了成就一次彼岸花開。每個人有權以自己的方式成長，即使會經歷挫折和困難。

既然成不了神，就做一個很棒的普通人

我們可以把生命視作一場冒險，
讓寶石般的火焰在胸中熊熊燃燒。
既然成不了高高在上的神，
那就做一個很棒的普通人。

那些不合理，其實理所當然

一個哥兒們打電話對我說，最近，他情緒非常低落，做的工作沒什麼意思，但每個月賺的那點兒錢還是滿有用的，捨不得又放不開，所以他倍感痛苦。其實，生活中有很多人都和我這個哥兒們一樣，幹著自己不喜歡幹的事，過的日子就是數著日子一天天熬。不敢跳槽，害怕找不到合適的；不敢離職，害怕失去經濟支撐，生計艱難，唯一的盼頭是薪水。

生存本能決定了人們只有擁有抗風險力、支配力的時候，內心才會擁有安全感。物質的富有程度不僅可以增強我們的抗風險能力，還決定了我們可以支配自己的時間，自由地去生活，而不是被迫按誰的意願，以某種方式活著。

不相信自己，又害怕隨時會失去，所以我們被安全感奴役了，成為了安全感的奴隸。當然，安全感奴隸的變體是金錢的奴隸，因為擁有鈔票這玩意兒，就意味著可以獲得世界上絕大多數的東西。

如果一個人無法享受工作的過程，便不可能創造出工作的價值，往往把工作淪為換取金錢的工具。當金錢奴隸的感覺肯定不會好到哪兒去，但是，有多少人不是金錢的奴隸？為了獲得將生命延續下去的資本，我們必須出賣自己的價值來換取金錢，別人任何資源獲得上的特權，都會讓我們羨慕不已。所謂的「不平則鳴」，於像我這樣的窮人來說，只是不能像土豪那樣有更多，因此不安，因此鳴叫。

於是有人執著於追求「平等」，他們明明知道，世界上連兩片完全相同的葉子都沒有，但還是會執著於各種絕對意義上的平等。其實，他們更感興趣於這種平等能不能給自己帶來利益；有的人執著於公正，即使所謂的公正，只是一個弱者對資源平均分配的渴望。其實，他們的執著只是不能少幹活多拿錢，對不能八個小時中用兩個小時處理事情、一個小時去飯局、五個小時打高爾夫的不甘心。

無數人抱怨，富人的一頓飯（請聯想和巴菲特吃一頓飯要兩百五十萬美元），糟蹋掉的可能是多少人一生都掙不來的金錢；無數人不理解，為什麼一個明星寧願買無數奢侈但卻只用一次的東西，也不願意救助一個可憐的失學兒童。雖然這種指責也不是沒有道理——存在即合理——但若真的想提高認知力，就不能這麼狹隘地看問題了。

或許我們會慨嘆造化之不公，為什麼一些人已經擁有那麼多了，偏偏還能擁有更多？而另一些人本來就只有一點點了，可就這一點點都要失去，老天真是太不公平了！聽上去，這種慨嘆很合理，其實不然，慨嘆者之所以這樣慨嘆，無非因為自己站在了那些只擁有了一點點卻都保不住的人的立場上，去判斷是非功過罷了。

因為有了自身的利害計較，個體才產生了不公平的感覺。藍鯨一口就能吞掉幾噸魚蝦，但牠沒有對捕食對象進行血腥的撲咬廝殺，才使得牠看上去沒有矯健兇猛的虎鯨危險。對千萬條被藍鯨一口吞掉的小魚小蝦來說，恐怕虎鯨比藍鯨要可愛得多，因為虎鯨根本不吃牠們。

一種生物的一頓飯是另外一種生物的千萬條命，這種事件，無時無刻不在自然界上演，但因為和我們的切身利害無關，所以我們沒有不公平的感覺。富人的奢侈消費，卻能極大地刺激我們的神經，因為我們發現，原來我擁有的那麼少……有了如此的計較，才有了如此的不公平。

人與人之間，形質差異雖然不大——差異不是理由，我們人類的基因圖譜與大猩猩的差別僅僅為百分之〇．〇三——但本質的差別卻是整個食物鏈的差別，有從藍鯨到魚蝦的差別，也有從老鷹到老鼠的差別。不過，生命與生命之間沒有不平等，一隻螞蟻的生命並不比我的生命更低賤，只有生命任務設定的不同：我要工作，處理人際關係，寫很多字，發表很多見解；這隻螞蟻可能要成為一隻工蟻，辛苦為蟻后服務很久，工作，和夥伴一起尋找食物。相比之下，我這個龐然大物似乎占據了一些優勢，我會說、會笑、會跳舞、會戀愛、會充當人生導師，但是螞蟻不會有什麼憤慨，因為牠不想和我比，牠的心智模式裡，沒有關於我的概念；我也不會和牠比，哪怕牠是蟻后，我也一點兒不會羨慕，因為我的心智模式裡，牠影響不到我的利害關係，也不是我的攀比對象。

我執著地計較，同樣是工作，我的所得不如別人多。即使別人更努力，情商更高或關係更廣，我還是會覺得不公平。

所有的不甘心，不過是想得而未得到和不願失去卻偏失去。不想繼續當既定事實的奴隸，就得付出主動的、有目標的並且持之以恆的努力。

奔跑，抓住夢想

很多心理學和成功學大師只能簡單地告訴你說：「你太自卑，太愛抱怨。自信一點，你會發現自己的潛能。停止抱怨，你會發現自己很招人喜歡。你很迷茫，找不到自己的定位，去給自己做個人生規劃……」

難道你不知道自己自卑嗎？難道你不覺得自己喜歡抱怨嗎？你不知道自己人生迷茫嗎？他們以為告訴你一個看似可行的辦法，你照著做了，就能改變現狀。他們不知道，這些大道理你也知道，可你就是做不到。

這就好比對一個溺水的人說：「哎喲，你落水了，爬上岸就好了。」完全無視你仰頭四顧心茫然，看不見此岸也看不見彼岸的無助。先不說你會不會游泳，你連朝哪兒游都不知道……任何脫離了實際環節的方法和建議，都純粹是腦子進水說出的不負責任的話。

各種心理疾病都不能簡單地歸因，但真正讓我們一直深陷痛苦中而不能自拔的原因是你很想改變，卻又不知道朝哪個方向努力，青春迷茫，中年危機，都是如此。我們只關注金錢上的利益得失，沒有真正的人生目標。所以總是看著別人的好日子，過著自己的苦日子，希望過上別人的好日子，卻永遠過著自己的苦日子。所以，人生一定要有目標，有了目標，就有了前進的方向，然後才能擺脫迷茫的感覺，輕鬆地到達終點。

但如果你已經確立了人生目標，而目標太遙遠，雖然有前進的方向，卻不知道自己在這條路上究竟要走多遠，能走多遠，也會照樣很迷茫，這時應該怎麼做呢？

有這麼一個實驗，心理學家組織了三組人，讓他們分別去十公里之外的三個村子，每組分配一個心理學研究員記錄情緒反應。

心理學家對第一組人說：「走吧，一直走就到了。」由於既不知道村莊的名字，也不知道路程有多遠，剛走出了兩三公里，就有人叫苦連天了。路程走到一半的時候，已經有人發怒了，越往後走，他們的情緒就越低落。

心理學家把村莊的名字和路程的長短告訴了第二組人，但路邊沒有里程碑，只能憑經驗來估計行程的距離和時間。走到一半的時候，大多數人都想知道究竟走了多遠，比較有徒步經驗的人說「大概走了一半的路程」時，大家將信將疑，只好硬著頭皮繼續向前走。走到全程的四分之三的時候，大家的情緒低落，疲憊不堪。心理研究員安慰道：「快到了！」大家又重新振作起來，加快行進步伐後沒多久，總算到了終點，大家都鬆了口氣。

第三組的人不僅知道村莊的名字和路程，而且公路旁每一公里處就有一塊里程碑，人們邊走邊看里程碑，每縮短一公里大家便有一小陣的歡樂。行進中，他們還用歌聲和笑聲來消除疲勞，情緒一直很高漲，所以很快就到達了終點。

由此可見，迷茫產生於沒有目標，或是僅僅知道方向，但看不清距離終點還有多遠。只有既有明確的目標，還能在前進的路上有所對照，才能自覺地克服心理上的種種困難。給自己一個長期目標，把長期目標分解成多個短期目標，再為每一個短期目標制訂實現的策略，那麼，我們就會發現，自己將來要走的路，雖然長，但不是那麼難。我們完全可以邁開步子，甩掉迷茫，輕快地奔跑，去抓住前方屬於自己的夢想。

把不鹹不淡的生活過得精采

其實，一個人活得有多精采，取決於對時間的處理能力：把時間管理好的人，往往都是成功者。那些懷才不遇先生，那些背運先生，之所以總是趕不上人生的那趟車，就是因為沒有掌握好時間的節奏。有人說，只有時間是公平的，因為每個人的一天都是二十四小時。如果說世間真的有什麼不公平的話，那一定是時間，對時間的支配能力差異，是世上最大的不公平。

有一種不公平，是天生的支配力。但是，財富永遠都是在少數人手裡，只有少數擁有財富的人擁有更多的時間支配權；大多數人必須出賣人生中的很大一部分時間為他人效力，才能生活。

你不用咬牙切齒，我說的都是事實！

人生如股市，一個散戶，在一開始的時候，再努力也只能盡可能地超越其他散戶，而於我們普通人來說，至少在很長一段時間裡，再努力也只能超越其他和我們幹同類工作的人。但時間的魔力恰恰在於：無論你怎麼過，它都會過去。錢，可以存起來，你不用，它就在那裡，不來不去。朋友，親人，愛搭理時搭理一下，不想搭理時就不搭理，只要你不刻意得罪他們，他們就會不捨不離。愛人呢，惹怒了，還可以哄回來，只要沒有原則性的裂痕，你們可以一直在一起，一直在一起。但時間呢，呵呵，時間是個強制你消費的霸王，無論你消費不消費，只要你在這個世間掛了名，都會當你一直在消費。也無論你怎麼消費或珍惜，它也不會因此不來，或因此不走。可見真正做到寵辱不驚的是時間大人。

你不得不相信，八小時內的認真，和八小時外的額外努力，不管是什麼人，用好了，都是賺的，用不好，怎麼都是虧。時間怎麼用，決定了人的成就高低。

當然，由於先天具有的條件不同，所以我們每個人要換得的東西不一樣，需要付出的成本也不一樣。有的人可以用極少的時間交換到極多的財富，有的人需要花費很多的時間才能換來一點兒財富。但這種差異，於善用時間的人來說，只是最初的不公平。但只要我們足夠會用時間，我們就可以把這種差異無限縮小，甚至超越。

時間是個強制消費者，有限而不可回溯，所以我們必須想清楚自己究竟要用時間換取人生無限可能中的哪一部分。炒過股的人，對時間的霸道是真正有體悟的人。從天堂到地獄，往往只需要一秒時！一分鐘裡，就能讓你輪迴九轉，一小時裡就讓你見證三輪體空。在這裡，你會嚴酷地感受到時間的絕對力量，一切意志不堅定的人、尋找捷徑的人、沒有交易規則的人，統統會被淘汰。在這裡，你會發現，股票上漲的時間總是那麼短，而下跌的時間卻總是那麼長。

在這裡，你會發現，兩根不過十數公分長的分針、時針，完結了你一整天。數天，數週，數月，甚至數年，不過是一串串或長或短或尖或粗的方塊圖案。

我們想要體驗的太多，而我們擁有的時間卻太少，每天只可以從時間銀行裡提取二十四小時。我們總以為自己有一生，可以不慌不忙地等待一些什麼，或延遲一些什麼，但事實是，沒人能保證我們是不是真的還有一個明天，明天是不是真的還能支取出完整的二十四小時。

每虛度一分鐘，我們的生命長度就縮短了一點。昨天已過去，明天不靠譜，唯有當下，才是我們可知可感可掌握的。也唯有當下，這個連接過去已去，未來未來的臨界點，才是我們真真切切可以感受到的時間。

把那些不必要的拖延和逃避現實的無所事事，統統從我們的時間表中劃去。把清醒的時間交給思考和行動，讓消極的態度從此變成積極的行動力，若能如此，即使不能到達，至少不用後悔自己不曾努力過。

用好時間，人生就賺了。

不是沒人懂你，而是你不懂自己

我和一個寫作愛好者聊天，開始，她還很配合，說可以根據我定的主題來寫稿子。但一談到利益，她的心靈困境就暴露了。她不停地問我，出版機構可靠不可靠，稿費什麼時候結算，怎麼結算，會不會跑單。天哪，我被她弄崩潰了，這簡直是被迫害妄想症患者——看官要小心了，市場上大多數通俗心理學讀物都是有心理疾病的人寫的。大家都生活在一個人格不獨立的社會，很多人是精神殘廢，不是在侵害別人，就是被別人侵害，所以搞得很多人都有被迫害妄想症，不想白幹。所以，如果一件事不一定能帶來收益，很多人都會拒絕。

這點我理解，知道自保是動物的本能，但是，我們也不能濫用被迫害妄想症。濫用被迫害妄想症會產生一個巨大的問題：短視。我們會終日深陷在眼前那點利益裡，而不是長遠的考量上。

當然，短視也是我們一種自保本能，因為我們知道，時間因素可以導致任何變故，時間拖得越長我們就越沒有信心，所以我們會短視，選擇更可靠的收益，而不是看上去更多，但更有風險的收益。這在一定程度上其實是很好的策略，可以避免我們被幻象欺騙。但如果濫用這一本能，那麼，我們很難與人進行正常的交往。

骨子裡的安全感匱乏，導致絕大多數人終其一生的目標，只是掙到足夠多的錢。但要掙多少錢，怎麼掙，需要自己付出什麼努力，大家卻是沒有概念的。

他們只能很被動地根據自以為是的高標準去判斷自己要去做什麼。可以說，他們唯一的目標是讓自己得到錢後，滿足那些看上去很美好的欲望。他們這輩子最在乎的永遠是「我能得到什麼」而不是「我能做什麼」，所以終其一生都被「被迫害妄想症」困擾。

被迫害妄想症患者的人生沒有方向，所以拿追求金錢或者安全感當作目標。

我對那個作者說：「妳目前定位錯誤，並不知道自己要什麼。」她答道：「妳不懂，我要心靈與物質的雙重滿足……」看到這句話我直接吼了：「這就是妳的目標，瞎扯吧妳。誰的目標不是這個？誰又是靠別人實現了這個目標？沒有方向，沒有方法，沒有步驟的目標只叫瞎想。妳根本不知道自己如何到達這個目標！而且妳這樣的行為連對別人最基本的尊重都沒有，超市還把產品展示出來才會定價，妳什麼都沒有，就要我承諾一定要付錢給妳？」

尼采說：「人生的劇本，不是父母續集，亦非子女前傳，更非朋友外篇。對待生命不妨大膽冒險一點，因為終歸要失去它。如這世上真有奇蹟，那只是努力的另一個名字。生命中最難階段不是沒人懂你，而是你不懂自己。」

適當的利害判斷是智慧，沒完沒了的利害計較則是愚蠢。既然終歸要失去，不妨冒險一點兒。在我們什麼都不是的時候，被迫害妄想只會讓我們止步不前。如果能把沒完沒了的計較，變成持續不斷的努力，總有一天，你會發現驚喜。

有些工作，看上去沒有預期中的金錢回報，但是，你的工作卻不會辜負你的努力。等待天上掉餡餅的人永遠都不會有努力付出的人那麼幸運。因為別人看你的時候，不是看你得到了什麼，而是看你付出了什麼，以及你付出的態度和能力。

接受自己是一個普通人的設定

多年以前，我覺得善於欺瞞是一種能力，因為那些謊話連篇的人，過得似乎比我好。多年以後，我才發現，真正的能力是誠實。因為沒有能力承擔誠實的後果，所以很多人選擇了謊言或欺騙。雖然我們有種種藉口，如不想傷害別人，不想領導生氣，不想媽媽擔心，不想男（女）朋友或老公（老婆）懷疑……但種種打著不想傷害別人旗號的欺瞞，最終都只是為了讓自己好過一點兒。

我對主管說，稿子下午就好，其實我是在兜售幻覺，十多萬字的原創稿子怎麼可能一兩週就寫好？但是我怕主管不高興，所以想了個緩兵之計，希望通過加班或其他辦法來完成我的承諾。有狀態的時候，一天一萬字也沒問題，但狀態這玩意兒太不可靠，不會沒有，也不可能一直有。總是在熱血沸騰地寫完一大段落後，開始心緒飄蕩、精神鬆弛。一會兒想玩，一會兒想尋找沉醉，一會兒又想看看有什麼熱門話題。自制力在這個時候是基本靠不住的。

為了讓自己過得好一點，我們不停地向他人兜售幻覺。可惜所兜售的那些幻覺，總是離現實太近；我們所說的那些謊言，太容易拆穿——「我明天就給你結果」「我下週就弄出來」「我下個月完成些什麼」這些都那麼容易被驗證。

我們總是拖延，總是逃避，總是欺騙，說到底，只是為了讓自己在心靈舒適區裡待得更久一點兒，雖然沒有多大的惡意，可是我們卻一次次地玩弄人家的期待。自己把自己活成一個騙子，然後看著自己被毫不留情地拆穿，然後再眼睜睜地看著自己自作孽後不可活，埋怨自己被生活欺騙。我們都在做什麼？

不敢選擇，不敢面對自己必須要面對的。總覺得失去一些什麼就會很難受，於是，選擇隱瞞。一種自欺，叫對別人好點；一種欺人，叫想讓他高興。總想得到他人的認可，所以我們要尷尬地面對被拆穿的那一刻。

多數辜負都源於不敢拒絕，但短期的懦弱逃避，最後會因為強大的蝴蝶效應，形成再也逃不過的情感坑洞。所以如果我們希望未來過得不那麼失控，我們就要學會誠實地生活，不要因為害怕他人否定自己的價值而輕易承諾，無論對方究竟是誰。

我們要面對最真實的自己，接受自己是個普通人的設定。因為我們的不誠實恰恰是不斷掏空生命力量的罪惡之手。如果自己都不豐富，又何以供養他人？空虛的生命，只會有索求，而不是奉獻。

人生寄一世，奄忽若飄塵。學會誠實地生活吧！雖然開始的時候會很難過，別人也會覺得驚訝。但是，誠實就是你的人生信用卡，你越是按期還錢，銀行就越願意把錢借給你。我們的承諾，是對他人的負債，一定要按時還錢。生命都會消失，我們又何必害怕因為誠實而必須要面對的結果？

從現在開始，學會誠實地生活，承認自己有一些事情做不到，放棄一些不合理的掌控欲，少占有點什麼，並不是失去。承諾自己可以做到的，然後心安理得去享受自己所得到的就好。

人生是一段艱難的路，路的終點總有幸福

破碎不是最殘酷的事，
最酷的是踩著這些碎片，假裝不疼痛，固執地尋找終點。
人生是一段艱難的路，路的終點總有幸福。

低估別人，是所有人都拿手的事

希臘神話中說，普羅米修士創造了人，又在每人的脖子上掛了兩個口袋：一個用來裝別人的缺點，一個用來裝自己的缺點。他把裝別人缺點的袋子掛在人的脖子前，另一個則掛在人的脖子後，因此，人們總是能夠很快發現別人的缺點，而對自己的缺點視而不見。故事點出了咱們人類很容易犯的一個毛病：「高估自己，低估他人。」

我們容易把自己抑或是自己的利益放大，例如在和別人的交往中，我們常常會覺得自己付出更多，但實際上，在旁人看來，你們彼此得失相當，你既沒多付出也沒占便宜。如果你覺得自己不虧也不賺，那麼旁人看來，你一定占便宜了；如果你覺得自己占便宜了，而對方沒有跳起來，那麼，要麼是對方很偉大，要麼是你很偉大。

這個觀點與張瑞敏的鴕鳥理論很相似。鴕鳥理論認為：當兩隻雞一樣大的時候，彼此肯定覺得對方比自己小；當你是隻火雞，人家是隻小雞時，你覺得自己大得不行了，但小雞會覺得「咱倆一般大」；只有當你是隻鴕鳥的時候，小雞才會承認你是個大個子。所以，如果你感覺自己比一般人要優秀，實際情況可能是，別人不會認為你更優秀，甚至，覺得你的優秀與他相比，還差一點點。

誰都喜歡誇大自己的能力，所以，我們很容易把自己的成功歸因為自己努力；誰都討厭看到自己的缺點，所以我們常常把自己的失敗歸咎於運氣不好。高估自己，低估別人，是所有人都拿手的事。

如果有兩個人下棋，不管象棋還是圍棋，倘若下了九盤，其中一個人贏了五盤，另一個人贏了四盤，從統計學的角度來看，他們其實旗鼓相當。但如果分別問一下，他們都會覺得自己的水準比對手高。如果有兩個人打球，水準不相上下，輸贏次數也差不多，如果你問他們誰厲害，他們一定覺得自己更厲害一些——如果不是因為自己沒有發揮好，肯定會把對手打得落花流水。同事之間也是如此，每個人都會認為自己能力更強一些。除非確實表現得很差，和別人的差距大得像雞和鴕鳥那樣明顯，否則，他是不會覺得自己差的。

在《同學少年都不賤》中，張愛玲說，人總誇大自己演的角色的重要性。關於她這點發現，我舉雙手贊成。我們喜歡強調自己的角色有多重要，在一件比較正面的事情上，習慣代入自己的功勞，即使與自己毫不相關，也要把自己的作用強調得舉足輕重。

我們喜歡刻意地渲染自我，在某種誇張裡享受被欣賞的感覺，所以，在我們談及自己的時候，通常帶著有意無意的吹噓成分。但是，這種看似無意的刻意誇耀，遭遇的往往是他人的低估和不屑：厭惡、否認、言不由衷或質疑。

我們也喜歡刻意地貶低別人，在挑剔中尋找自己的優秀感。但這種看似客觀的貶低評價，透露出的卻是隱約的缺乏自信。

一般情況下，一個人談論別人時，很有可能刻意貶低了別人；談及自己的時候，也很有可能刻意抬高了自己。

人與人的智商相差不大，我們能比別人高明多少？我們又做了多少萬眾矚目的事？一點點的優秀是很難被大眾承認的，更何況，在優秀一點點和自大之間，並沒有一條清楚的邊界，而自大做為一種人性的本能，是那麼難以被覺察。

不求那麼多，只要一點點的淡然，對追求卓越的人來說，就是一點都沒進步。只有十分優秀，才能看上去比較優秀；必須是出類拔萃的，才能看上去比一般人強一點兒。只比別人優秀一點點，看上去只能是泯然眾人矣。

不要把自己看得多了不起，在自己沒成為一隻鴕鳥之前，還是以一隻奮發向上的小雞的姿態面對人生吧！

或許，你還沒有能力去稱職

一句流行的話叫：「你這麼××，你媽知道嗎？」這個××可以換成很多詞語，比如：你這麼厲害，你媽知道嗎？我雖然一直沒有明白人家媽媽知道後有什麼實質性的意義，但是我知道，我活得這麼不稱職，我媽是知道的，不光我媽知道，我的好友和同事都知道。

我不思進取、疏懶，只喜歡做自己想做的事情，雖然有時有點所謂的理想，但稍遇挫折便想著放棄，只是喜歡翻翻書，寫寫字，除了堅持過呼吸這類事外，從來沒有為什麼大目標付出過持之以恆的努力，一心嚮往過隨遇而安的生活，直到現在依然一事無成，身邊人基本對我不滿意。

大侃兄善意地說我只是活得不主動，不喜歡交流而已。此言深得我意，但大侃兄喝完酒後又說了一句話：「妳比較能主動地吃東西和睡覺。」這是句實話，鑑於自己的可恨之處被可惡地揭發了，所以我暗自決定懲罰他一下，這傢伙竟不識得人生已經如此艱難，有些事情不能拆穿這樣的道理，這頓飯索性讓他埋單吧，當然，他並不曉得我的小心思。

活到現在也沒做什麼偉大光榮正確的事，顯然是件非常糟糕的事。

不過有個不稱職理論支撐我的不稱職行為，這個理論就是彼得原理：「在一個等級制度中，每個職工趨向於上升到他所不能勝任的地位……每一個職位最終都將被一個不能勝任其工作的職工所占據。層級組織的工作任務，多半是由尚未達到不勝任階層的員工完成的。」可見，不稱職，是每個人成長的節點，並且，由於至今也沒接到什麼勒令不稱職的人退出生活這樣的規定，所以我也就得過且過。我相信很多人和我一樣，一邊覺得生活虧欠了自己，一邊自己又虧欠了生活。

歲月是本很黃很暴力的書，而我們卻是很傻很天真的人。從小就知道活著就應該無私奉獻，面對利益時最好來個孔融讓梨，人與人之間應該不計得失。什麼「財物輕，怨何生；言語忍，忿自泯」這些道理，我們很小就開始學習，很多蘊含著頂極人生智慧的書，如《三字經》《弟子規》等，三歲小兒都能道得出，但，八十老叟也做不到幾條。

後來，即使你知道了不少社會真相，甚至精通潛規則、厚黑學，即使你清楚人性的缺點，明白每個人都在營營算計，即使你隨大流地逼自己俗下去，即使你稱職地成為一名世俗的人，或不稱職地成為不了世俗意義上的成功者，但是內心深處，還是會覺得有點遺憾。我們紛紛認為：是社會出問題了，世界才變成這樣的；是別人都出了問題，社會才變成這樣的；是別人出了問題，自己才變成這樣的。

其實，不是社會出了問題，而是我們連世界也不認識，卻一直試圖按照最高級世界法則把生活過好。就像我們還沒有學會使用自己的手和腳，沒有學會爬和走，更沒有見過車和公路，卻在練習遵守交通規則一樣。如果我們連車和公路都不認得，交通規則背得再多，都不可能安全地開車上路。

做好人生這道高數題之前，我們首先要學會認識數位和掌握加減乘除四則運算。在一屆諾貝爾獲得者大會上，有人問一位諾貝爾獎獲得者：「您最重要的經驗是從哪所大學裡學來的？」這位諾貝爾獎獲得者回答：「是在幼稚園，在那裡，我學會了很多。比如，不拿別人的東西；要養成衛生習慣，飯前要洗手；有了東西要分享；做了錯事要道歉；要誠實；多思考，多觀察自然——這些經驗我一直用到現在。」最重要的東西往往沒那麼複雜。我們，能做到這些，基本就是個合格的人。至於稱不稱職，成不成功，因人而異，因事而異。

別擔心，你可能活得「不稱職」，但不只你一個人活得不稱職，有時候某種不稱職能產生一些意想之外的東西，勞倫斯·丁·彼得發現「不稱職原理」時，他未必就在自己稱職的位置上。

面向死亡地活著，才能體會到生的意義

人總得裝裝哲學家，思考思考生命的終極問題，才能顯示出自己有時竟是與眾不同的。悲觀主義者叔本華說：「一個人的幸福，不在於他享受了多少快樂，而在於他避免了多少痛苦。」由此可見，認識痛苦並不完全是件壞事。

我問一位股神：「最近炒股炒得怎麼樣？一波牛市過去了，不曉得你準備裝錢的口袋夠不夠用？」

股神頹然答道：「一直被深套，再也沒希望了。」

我十分驚訝，股神指導別人炒股時，雖然不能說百分百地只賺不賠，但無論是對大勢，還是個股的分析，無一不有獨特見解，在他的指導下炒股，幾乎是十拿九穩地賺，並且還是短期之內必定斬獲不小，簡直是急功近利的小散戶們心中的活菩薩，說他不是一代股神，恐怕立馬會有人跳腳反對。

但是，股神感覺大勢轉好，自己決定也殺進市場後，潰敗連連，指數漲了百分之

五十，他的個股偏偏卻逆市而行，深套近百分之五十，典型的賺了指數賠了錢的牛市抬轎客，投資能力連尋常小散也不如。

我不由問道：「你看股票不是看得挺準的嗎？」

股神惶恐地道：「看和做是兩回事……」

其實，人生就像炒股，入場前和入場後是完全不同的。入場前，是旁觀者，運籌帷幄，握著仙風道骨的羽扇，頂著溫文儒雅的綸巾，笑談間便使強虜灰飛煙滅。入場後，是當事人，真槍上陣非死即傷，縱使東方不敗也得揮刀自宮後練就《葵花寶典》，才能有一時獨領風騷的力量，可惜依然逃不過為愛而亡。當然，他縱使不為愛而亡，也會亡，無論怎麼樣，誰都有死的那一天。到最後，誰都是殊途同歸。

最後的結局證明，我們所有的努力和得到，都敵不過最後的撒手西去，最大的不同，不過是在過程中選擇看還是選擇做而已。

生命是一個過程，死亡是必然的結果。有人說：人生就如一列駛向死亡的列車，只是不知道什麼時候到達終點站。活著的日子，無論苦樂，我們至少還是能有所預期的，至少還能有所選擇，但死亡，就如漆黑的夜晚裡的黑，無邊無際的黑，吞噬了一切。無論你是窮人還是富人，是平民還是貴族，最終都得面對死亡這個一切生命的終結者，即使我們超越了一切苦難的煎熬，仍要面對這個問題。

如果結局早已注定，拿什麼來讓我們努力奮鬥永不言棄？既然反正會死，那又何必努力？

作家史鐵生是個職業病人，他二十一歲雙腿癱瘓，三十歲得了嚴重的腎病，多少次差點死掉，又多少次活了過來，見識過生生死死的糾纏，他說：「死是一件無需著急的事，怎樣耽擱都不會錯過，何不活下去試試呢？」

沒錯，從生命的終極結果來看，我們能擁有的只有人在旅途中的體驗。我們所羨慕的，不也是他人人生中的精采嗎？我們瘋狂地追求物質保障，不也正是為了得到更多的保障，從而擁有更豐富的體驗嗎？

人類是面向死亡地活著的，只有明瞭死亡的威脅，才能體會到生的意義。既然是這樣，不如把努力不死的精力放到努力活得精采上，只有努力拚搏，我們才能看到更多的風景。

如果生命在久經患難中獲得了超越彼岸的智慧，無論人生比賽場上的比分是9：0還是0：9，我們仍舊一如既往，全身心地投入對生活的熱情，那麼，生命至少是一場心靈的朝聖之旅。

把無知偽裝起來，並不會變完美

初入社會時，為了得到工作，我總是想表現得什麼都會，或表示自己什麼都可以很快學會。總之，我希望別人相信我什麼都能做，我也相信，只要我有一個工作機會，就能把它做好。那時的我真是覺得自己太聰明了！但恰恰在那段逞能的時光裡，我處處碰壁，好不容易得到的工作，不是嫌太苦，就是嫌太累——自己給的承諾太多了，主管安排的任務，即使我加班加點也完不成，因為我根本不懂。

後來，機緣巧合，我來到了北京，找工作時，我不再那麼急於求成，只想著再也不要像以前一樣，去做自己既不勝任又不喜歡的工作。

去面試的時候，筆試卷有這樣一道題：「天龍八部」是指什麼？我沒有回答，因為我確實不太肯定，雖然我看過電視劇《天龍八部》。

這部電視劇，也是金庸的一本武俠小說，但我不太敢肯定我望文生義所理解的「八本」小說是不是正確的，所以我選擇了空白。看著那麼多留白，心道：這工作鐵定是泡湯了啊！

交上答卷後，主任笑著問我：「妳聽過『天龍八部』吧？」我說：「我只知道這是金庸一部武俠小說的名字。」他哈哈一笑，說：「妳真誠實，很多人都自以為知道是什麼，都說是金庸寫的八本書。」我好奇地問：「那天龍八部究竟是什麼？」「上班後自己去查，要學會自學，而不是讓別人教！」他乾脆俐落地說，「明天就來上班吧！」

我更好奇了，不自信地問道：「我好像不及格吧？」「就妳這答卷，離及格遠著呢，但是妳老實。」

那是我第一次老實地承認自己的弱點，竟因此得到了工作，我感覺十分意外。以前，總想證明自己這也行那也會，結果處處碰壁，這次不再誇大能力，反而得到了工作……

後來，我想明白了，如果一個人肯誠實地讓別人知道自己的弱點和能力範圍，就可避免他人委任超過自己能力範圍的任務，不至於讓人有心理落差。如果一個人不敢承認自己的弱點，撩起他人過高的希望，總有一天，會因為無法勝任而讓人失望。

我曾經帶了一個新人，這是個很有文學天賦的男生，但這個男生最大的毛病就是瞎承諾加愛生氣。每當我問他能否幹好一個工作時，他總是說——沒問題。但非常令我糾結的是，他總是不按時交活，總是在我催了無數次之後才把活勉強交了。其實，他的少部分活做得還是相當不錯的，只是工作效率太低了。直到他辭職後，我才明白，那些我交給他的看似特別簡單的活，他根本就不懂，得一個知識點一個知識點地去學。並且，有些知識還不是查查就懂，一定得假以時日，才有可能弄懂吃透。所以，那陣子他天天都很憤怒，覺得我們都在整他，故意給他安排那些他根本幹不了的活。

在他發火的時候，我笑了笑，問他：「讓你如此憤怒的真實原因是什麼？」他茫然了，顯然，他以為自己受到了不公正待遇，才如此生氣的。

我說：「是你太自卑了，你缺乏誠實的能力。」

他說：「妳說得太對了，我缺乏誠實的能力，我是學心理學的，我知道。由於害怕誠實可能引發的不良後果，我才選擇了欺騙。」

我說：「一個人，只有能坦然地面對誠實的一切結果時，才會成為一個誠實而講信用的人。由於自己太弱小，太貧窮，一丁點兒風吹草動都能讓你的世界天崩地裂，你不敢去面對這樣的結果，所以你選擇了逞強。但逞能證明的不是你的強大，而是你的不堪一擊，把無知偽裝起來，並不代表你完美。」

其實，在我們什麼都不是的時候，最好放低姿態去學習，而不是以逞能的方式去向世界索要。

歲月薄情，是為了讓你懂得

所有的世事無常，都是為了體現你爆表的戰鬥力。所有的歲月薄情，都是為了最終讓你懂得滿懷慈悲。

我喜歡電影《奇異恩典》，因為它體現了一種可以不為一己之利而奮鬥終生的偉大情懷。

主人公出身於富裕之家，以他的地位和身分，完全可以過著無憂生活，但是，他終其一生，都在為解放黑奴而奮鬥。一次又一次提交廢奴議案，一次又一次地被駁回。他借舉辦海上聚會之名，把一干貴族騙上販奴船，要他們親眼看看，那些和他們一樣是人的奴隸，受著怎樣的虐待，過得有多可憐。

後來，法國革命的影響傳到英國，海權法律給了他一個機會，他終於成功通過法案，使得貴族們再也無法販賣奴隸……因為這條法案的通過，他的整個人生都變了，不僅健康了起來，還生了兩個孩子……

我原本被主人公那種崇高的精神深深地折服，但當我了解到《奇異恩典》原著作者的經歷後，不禁大跌眼鏡。原來作者自己曾經是個販奴商人，只是因為有一次在非洲被捕，淪為奴隸，經歷了長達數年的奴隸之苦，所以才能站在黑奴的立場上，去為他們申訴。

原來一切的懂得，都是因為他經歷過。「因為懂得，所以慈悲。」張愛玲如是說。是啊，懂得了，才會理解和體諒，亦才會升起一份慈悲。

因為懂得世界非我所願，卻理所當然，於是接受了世間的萬變，或好，或壞，或悲，或喜。

因為懂得生而為命的我們為何那麼在乎自己，於是不再認為那些與自己無法好好相處的人是故意為難自己；因為懂得在最深的紅塵裡的所有愛恨悲喜，永遠都會以或聚或散的方式不斷地生起、隕滅，不會因為誰有不甘而有絲毫改變，你我亦如是，於是有了體諒那些恩怨情仇，憐憫那些喜怒哀樂的慈悲。

生命如同一艘成長的船。初時，它只是一葉扁舟在時間的海洋裡飄蕩，稍有風雨，即便有傾覆之虞；有了小篷，就不再那麼懼怕風雨了；後來，它成了可以乘風破浪的大帆船，視風雨的來去為尋常；再後來，它漸漸成了輪船，連驚濤駭浪亦可無懼。

直到最後，我們才會發現，那些年以為的曾經滄海，原來只不過是滄海一粟。

我們只是相互在愛中扶持一段時間，然後就會各自散去，莫名其妙地來，萬般無奈地去。

人生不過如此，誰和誰到底都免不了一曲離歌，不是你先退出，就是我先離開，屬於我們彼此的只有一段共同相處的時光。

生活所有眼淚和辛酸，都是成長的陣痛。所以泰戈爾才說：世界以痛吻我，要我報之以歌。人生是一曲離歌，你要唱出它的深情和歡樂。

願你扛住所有的歲月薄情和世態炎涼，不畏將來，不念過往，不負這段有限、不可輪迴的時光。

後記——

每天一點新收穫

我已過了思索人生的激情歲月，但當讀起這本書，卻又不得不用心回憶、思索、內省，聯想自己的人生。

不惑之年，人生謎題，似乎應該已經有解，即便不是通解也得有個特解的。但反思半生經歷，不得不說，於人生，我依舊是個門外漢。不過「悖論」的是，我卻一直活著。

是不是說，人生本不用解？

我是學經濟學的，經濟學是研究資源配置的選擇學問，接地氣點說，也就是研究怎麼發財的。但具有諷刺意味的是，我到現在還沒有登記不動產的資格。記得課堂上，我曾經拿自己砸過現掛，問聽課的學員，為什麼我一個學經濟學的博士發不了財，但大家卻還在聽我白活發財之道呢？

學員們的答案五花八門，有站在維護立場說我際遇不善的，有挖苦嬉笑說我高尚不入銅臭俗流的……而我內心卻是極為認真細緻地作了嚴密推理，最終的結論是：我沒有學會賺錢的本領，我只是研究了別人怎麼賺錢的，也只能研究別人怎麼賺錢。

無奈的自我認可，卻意外地將自己歸零。而歸零之後的自己，卻可以在每天的生活中為一點點小收穫欣喜不已。這些小收穫，不都是意外之財嗎？發了意外之財，為什麼不開心呢？慢慢地，心順了，路也就順了。

無解的人生，是不是也是一樣的意思呢？

這本書是想告訴大家，飯得一口一口吃，路得一步一步走，不管吃的粗茶淡飯還是山珍海味，也不管走的康莊大道還是崎嶇山路，生活都得找到自己，更得由自己來創造，只要別丟了自己，每天都能收穫驚喜。

——資深培訓師　**Y老船**

深情是上天賦予人類最好的本領

生，容易；活，容易；生活，不容易。

你永遠都不知道生活要用什麼樣的方法出牌。沾沾自喜時，它給你一巴掌，困惑無助時，它卻又不肯讓你太絕望。

大部分人不願意再為自己的夢想付出，就這樣渾渾噩噩地生活著，拿著一份不高不低的薪水，混完了自己的一生。只有少部分人，會堅持自己的理想，不停地前行，一次次被生活打碎，又一次次地撿起自尊，原地復活。等我們回頭的時候，就會發現，原來我們已經走了這麼遠。而那些曾經折磨過我們、打擊過我們的人和事，在我們想像不到的時間和地點，以另一種姿態給了我們意想不到的收穫。

生活是一場永不止息的戰鬥，想要活得好，所付出的是百倍的艱辛。有一個老人對我說過，如果誰的人生沒有過三起三落，那麼他這一生就還不算真正地活過。我們不怕失敗，怕的是在失敗之中再也爬不起來；我們不怕挫折，怕的是在挫折面前一蹶不振。

深情就是這樣一種本領，讓我們心生憐憫，讓我們和小夥伴們一起奮鬥，讓我們能達到「不瘋魔不成活」的忘我境界，用盡全力去追求人生境界。

張岱說過，人無癖不可與交，以其無深情也。對這句話我有一種另類解讀，就是：一個人，若是沒有用全情投入自己喜歡的事物，就不能說他或者她是個真正的有情有義的人。因為深情的人總是深情，薄情的人也永遠薄情，對自己喜愛的事物如是，對自己喜歡的人亦如是。

在薄情的歲月裡深情地活著，是上天賦予人類最好的本領。

——心理學博士 **采薇**

國家圖書館出版品預行編目資料

上天自有安排,你只負責精采 / 慕顏歌著. -- 初版. -- 臺北市：平安文化, 2018.04
面；　公分. -- (平安叢書；第589種) (Upward；84)

ISBN 978-986-96077-5-9(平裝)

1.自我實現 2.生活指導

177.2　　107003571

平安叢書第0589種
UPWARD 084

上天自有安排，你只負責精采

作　　者—慕顏歌
發 行 人—平雲
出版發行—平安文化有限公司
台北市敦化北路120巷50號
電話◎02-27168888
郵撥帳號◎18420815號
皇冠出版社(香港)有限公司
香港上環文咸東街50號寶恒商業中心
23樓2301-3室
電話◎2529-1778　傳真◎2527-0904
總 編 輯—龔橞甄
責任編輯—陳怡蓁
美術設計—王瓊瑤
著作完成日期—2015年
初版一刷日期—2018年4月

法律顧問—王惠光律師

讀者服務傳真專線◎02-27150507
電腦編號◎425084
ISBN◎978-986-96077-5-9
Printed in Taiwan
本書定價◎新台幣280元/港幣93元